KB043228

어린 왕자,
우리가 잃어버린
이야기

어린 왕자,
우리가 잃어버린
이야기

민이언 · 박상규 지음

윤영선 그림

다반

회상이 지나간 오후

1

내겐 블로그가 초벌원고를 저장하는 공간이다. 일단 떠오르는 대로 막 적어 놓다 보면 아카이브로 쌓이게 되고, 어떤 기획이 정해지면 이미 써놓은 글들을 다시 각색하고 조합하면서 새로운 원고로 만들어 내는 편이다. 블로그 이웃들이 출간되는 책의 첫 고객들이기도 하기에, 고객 관리 차원에서 읽을거리로 내 논문 원고를 게재한 어느 날, 장문의 댓글이 올라왔다.

> '《논어》 속의 아모르파티'는 재미있게 읽었습니다. 오랜 독서와
> 공부의 축적된 힘을 느낄 수 있었습니다. 《논어》는 저도 긴 시간
> 동안 읽어 왔던 텍스트로 충분히 공감할 수 있었습니다.
> …

그러나 핵심 쟁점 및 주장이 좀 더 명확하고 단순해졌으면 좋았을 것 같다는, 어떻게 《논어》를 읽을 것인가 하는 관점이 다소 모호하다는 생각이 들었습니다. 예컨대 강신주 선생은 장자를 소통이라는 키워드로 재해석하듯이 《논어》와 공자를 어떤 키워드로 말할 수 있는지 미니님의 View가 잘 읽히지 않았습니다. 물론 아모르파티가 그 핵심 개념이겠지만 글 전체가 잘 수렴되지는 않는다는 느낌입니다.

...

그럼에도 불구하고 글은 재미있고 앞으로 큰 발전이 기대됩니다. 기회가 되면 직접 만나서 이야기를 나누고 싶기도 합니다. 언제든지 제 블로그로 쪽지 남겨 주시거나 여기 댓글로 남겨 주시면 제가 소주 한잔 사겠습니다. 좋은 글 감사합니다.

니체의 언어로 《논어》를 해석한 내 첫 논문이었는데, 물론 한번 읽어 보라고 올린 글이었지만, 정말로 이렇게까지 세심하게 읽어 보는 사람이 있을 줄은 몰랐다. 석사 학위 논문이니 뭐 그렇게까지 관심을 기울일 만한 글월도 아니었지만, 부족한 점을 지적하고 있는 지평이 궁금하기도 해서 한번 그의 블로그를 방문해 봤다.

'어라! 얘 봐라!'

라캉의 정신분석에 관한 포스팅 하나를 읽고서 내뱉은 소회였다. 전문가들 사이에서도 해석이 분분한 라캉의 이론이기에, 관심이 있는 블로거들도 책의 내용을 자신의 언어로 정리해 놓는 경우는 드물다. 그 난해한 문장을 제대로 이해하지 못했기에, 책에 쓰여져 있는 난해함 그대로를 옮겨 놓는 경우가 대부분이라고 보면 틀리지 않다. 그런데 이 친구(?)는 정신분석의 문법 자체를 이해한 상태에서 자신의 생각을 자신의 언어로 정리해 놓고 있었다. 아주 가끔씩 언더에서 이런 지평들을 마주치는 경우가 있다. 그저 블로그에 고여 있기엔 아깝다는 생각이 들 정도로 섬세한 분석과 기발한 해석의 능력을 지니고 있는….

철학에 관한 글을 쓰고 사는 무명의 글쟁이이지만, 나를 한번 만나 보고 싶다는 분들이 더러 메일을 보내오는 경우가 있다. 그러나 그 모두가 메일에서 그칠 뿐, 실질적인 만남으로까지 이어지진 않는다. 그런데 이 친구는 다음 날에도 메일을 보내왔다. 시간이 되면 요번 주에 한번 만나잔다. 내가 뭐라고, 이렇게까지 적극적으로….

광화문 근처에서 직장을 다니고 있다 하기에, 그 친구의 퇴근 시간에 맞춰 약속장소를 한남동으로 정했다. 굳이 식당을 예약하겠다기에, 예약 문화에 그리 익숙하지 않은 입장에선 다소 의아하기도 했다. 한남동 캠퍼스의 단국대가 이전한 지도 오래전, 대학생들마저 사라진 조용한 동네에서 단둘이 만나는 약속에 굳이 무슨 예약씩이나….

2

남산 밑자락의 한남동은 내겐 대학시절의 그리움이 묻어 있는 장소이다. 한남동에서 단국대를 다녔던 이들이 다 나와 같은 심정인지는 모르겠으나, 대학교가 사라진 옛터에 지어진 고급 아파트촌이 마치 폐허와도 같은 느낌으로 다가온다. 보이는 것을 관상하기보단 보이지 않는 것을 회상하게끔 하는 풍경, 가끔씩은 기억의 잔해들을 둘러보기 위해 일부러 들러 보곤 한다. 내 화양연화의 시절이 서려 있는, 내게는 가장 익숙한 서울. 어쩌면 멀어지고 있는 시간의 거리감보다는 공간 자체가 사라져 버렸기에 더한 그리움인지도 모르겠다.

내 청춘의 날들과도 이별 준비를 하고 있던 12월의 어느 날, 한남동에 미리 도착해 찬바람 사이로 스치는 추억들을 잠깐 둘러본 후에 약속 장소로 향했다. 돈을 잘 버는 직업의 일상인지, 아니면 나를 배려한 특별함인지 몰라도, 그 친구가 예약을 한 고깃집은 내 수준에는 다소 넘치는 고급스러움이었다. 길이 다소 막힌다는 카톡이 왔다. 이미 10분 전에 도착해 있었지만, '저도 방금 도착했어요'라는 거짓말로 답장을 보냈다.

그의 블로그 닉네임은 '어린 왕자', 숯기 없는 불판 앞에서 기다리던 시간까지만 해도 내 머릿속에서 그를 지칭하는 대명사로 '친구'를 택하고 있었던 이유이기도 하다. 인문학에 관심이 많은 박식한 친구들과도 함께 프로젝트를 하고 있는 입장이다 보니, 그런 성향의 청년인 줄 알았다. 그러나 식당 문을 열고 들어서 내 쪽으로 걸어오고 있는 듯한 이는, 깔끔한 정장 차림의 중년 신사. 그가 바로 '어린 왕자'였다. 결코 어리지 않은…. 하긴 그의 입장에선 내 닉네임인 '미니'가 가당치도 않았겠지만…. 미니와 어린 왕자의 첫 만남, 우리는 누구도 어리지 않았다.

자리에 앉자마자 숯기 없는 불판 위로 건네진 명함 한

장. 일단 익숙한 대기업 로고부터 들어온다. 그 밑에 한자로 적혀져 있던 직함은, 내가 한문 전공자가 아니었던들 읽기 힘든 한자는 아니었을 것 같다. 순간 내가 잘못 읽은 줄 알았다. 여지껏 내 명함을 가져 본 적은 없는 터, 명함 대신 졸저 한 권을 건네면서도 풀리지 않는 의혹, 아니 대기업 임원분이 왜 나를?

어쩌다 한문 전공자가 서양철학을 공부하게 되었는지, 어쩌다 기업인이 철학을 공부하게 되었는지에 대한 이야기가 오가는 도중에 흘러나온, 동양철학과 서양철학의 차이를 묻는 어린 왕자의 질문에 대한 나의 대답은 징기스칸의 유언이었다.

'벽돌집을 짓지 말라!'

이 한마디가 결국엔 들뢰즈 철학의 핵심이다. 실상 이렇듯 간단하다. 《논어》와 《도덕경》의 봇짐을 둘러매고 올라 탄 오디세이호, 한문학도로서 거의 모든 서양철학을 둘러본 감응은 양가적이었다. 동양이 갖추고 있지 못한 논리 체계가 경이로우면서, 한편으론 철학에 별 관심이 없는 이들과 다르지 않은 심정이다. 저 말을 저렇게까지 어렵게 해야 하나 싶은 회의감으로 읽어 내려가는⋯.

"노마드군요."

내가 부연하려 했던 키워드는 어린 왕자의 입에서 흘러 나왔다. 들뢰즈와 라캉, 바디우와 지젝 등등, 일반교양 철학서에서는 잘 다루지 않는 현대철학에까지 관심이 많은 편이며, 한편으로 《논어》와 《도덕경》, 《주역》 등의 한문학을 공부했다는 중년 신사. 굳이 그 골치 아픈 철학을 읽지 않아도 될 사회적 지위에 있으면서도…. 이런저런 인문학 강의를 찾아들으러 다니며, 나 같은 무명의 글쟁이에게까지 직접 연락을 해 인문학에 관한 이야기를 나누고 싶어 하는 기업인. 배움을 즐기는 그 모습이 마냥 아이 같았다고나 할까? 더군다나 팔리지 않는 글월이나 쓰고 있는 내게, 폐허의 기억으로 남아 있는 동네에서 만난 어린 왕자는, 사막에서 조난당한 비행사 앞에 나타났던 동화 속의 주인공을 떠올리기엔 충분했다.

다시 어린 왕자 '님'께 연락을 하게 된 계기는, 한 출판사와 진행하게 된 인문학 프로젝트 때문이었다. 물론 바쁘실 거라 예상은 했지만, 글쓰기에도 애착이 있으신 것 같아서 그냥 제안이나 한번 드려 보고자 했는데, 더 자세한 이야기를 들어 보고 싶다며 광장동의 한 호텔로 초대를 하셨다. 몇 개월 사이에 어린 왕자는 직함이 바뀌어 있었다. 그 호텔의 총괄대표로…. 도통 시간을 낼 수 없는 스케줄상 결국 프로젝트를 함께하지 못하게 되었지만, 못내 아쉽다는 생각을 떨칠 수가 없었다.

새로 나온 신간을 들고서 다시 호텔을 찾아간 주된 목적은 다른 신간에 관한 기획이었다. 프루스트의 소설《잃어버린 시간을 찾아서》에 관한 인문적 해설서를 적어 내린 들뢰즈의 경우처럼, 동화《어린 왕자》를 통해 우리의 잃어버린 시간들을 되돌아볼 수 있진 않을까? 철학을 즐겨 읽는 기업인으로서의 생각을, 한번《어린 왕자》에 관한 인터뷰 형식으로 원고화를 해도 되겠냐는 제안을 드려 봤다. '기꺼이'라는 대답을 들은 순간부터 머릿속으로 구체적인 기획안을 구상하기 시작했다. 그리고 이 기획을 진행하는 와중에 어린 왕자는 계열사의 사장님이 되셨다.

3

《어린 왕자》의 포맷과 스토리에 맞추어, 철학도와 기업인의 인터뷰를 써내려 간 원고이기에, 이 책만으로 동화의 대강을 이해하는 데에는 부족한 면이 있을 것이다. 짧은 분량의 동화이니, 아직 읽어 보지 않으신 분들은 한번 직접 읽어 보심도….

개인적인 취향일 수도 있겠지만, 대화 형식의 각색은 다소 어수선한 감이 없지 않아서, 사장님의 말씀 부분만을 큰따옴표로 묶었다. 막상 인터뷰 내용을 갈무리 해보니 분량이 그리 길지는 않았던 관계로, 다소 소프트한 철학의 글월들과 《어린 왕자》와 관련한 개인적인 일화를 적은 페이지들을 잇대고 덧댔다. 인문학을 즐겨 읽는 기업인과의 인터뷰이다 보니 철학의 개념들이 종종 등장하긴 하지만, 구체적인 사례를 반복하면서 나름대론 최대한 쉽게 풀어 쓰려 노력한 결과이다. 그렇다고 얕은 심도를 담아낸 작업도 아니었다는 말씀을 드리면서….

이 기획 내내 떠올린 인물은, 내 또래들에겐 영원한 어린 왕자인 이승환 씨였다. 어렴풋한 어린 시절을 회상하는 지점마다에서, 그 시절에 좋아했던 이승환 씨의 노래들을 다시 들어보곤 했다. 프롤로그와 에필로그를 포함, 목차상의 제목은 모두 이승환 씨 노래의 제목을 빌렸다. 그 시절의 우리는 어떠했을까? 적어도 지금보다는 열정적이었고 보다 많은 것들을 사랑했다. 가수의 고령화와 더불어 팬들의 고령화를 걱정하는 이승환 옹(翁), 여전히 이승환을 연호하는 고령의 소녀들은 실상 그 시절의 자신을 부르고 있는 것은 아닐까? 그렇게 되찾은 시간에 관한 이야기가 이 기획의 주제이기도 하다. 그 시절에 두고 온 그대의 얼굴과, 그대의 이름과, 그대의 얘기와 지나간 내 정든 날….

차례

프롤로그　　　회상이 지나간 오후　　　　　　　　　　4

Ⅰ. 꿈꾸는 소년

물어본다　　　　　　　　　　　　　　　19

체념을 위한 미련　　　　　　　　　　　35

무너지는 믿음 앞에서　　　　　　　　　50

침묵의 기록　　　　　　　　　　　　　69

Ⅱ. 아이에서 어른으로

10억 광년의 신호　　　　　　　　　　85

너의 나라　　　　　　　　　　　　　　96

텅 빈 마음　　　　　　　　　　　　　108

지금 미래가 시작되고 있다　　　　　　118

참을 수 없는 존재의 시시함　　　　　　129

기다린 날도 지워질 날도　　　　　　　143

그대는 모릅니다　　　　　　　　　　　157

Ⅲ. 세상에 뿌려진 사랑만큼

화려하지 않은 고백　　　　　　　　　173

그대가 그대를　　　　　　　　　　　184

한 사람을 위한 마음　　　　　　　　　192

어떻게 사랑이 그래요　　　　　　　　205

흑백영화처럼　　　　　　　　　　　　218

내게만 일어나는 일　　　　　　　　　229

에필로그　　　　잃어버린 건… 나　　　　　　　　242

I. 꿈꾸는 소년

물어본다

1

강원도에서 나고 자란 터라, 어린 시절부터 대도시에 대한 동경이 있었던 편이다. 서울에 올라올 일이 있을 때마다 설레는 가슴으로 스쳐 지났던, 높다란 빌딩들이 늘어선 어느 거리를 바라보며, 풍경에도 인격이 있다는 생각을 해봤던 것 같다. '이 봐! 강원도 촌뜨기. 이런 풍경은 처음이지? 내가 바로 서울이야!'라고 말하고 있는 듯했던 어느 거리. 풍경은 그것을 바라보는 시선들에게 '표정으로써 말을 건네는 얼굴'이라는, 자세한 내막을 설명하려면 또 한 페이지 가량을 할애해야 하는 들뢰즈의 어록을, 나는 이미 어린 시절부터 이해하고 있었던 셈이다. 지금에서 돌아보니 서울의 표상으로 기억하고 있는 그 거리가 바로 을지로 일대였던 것 같다.

아직은 단국대가 남산 밑자락의 한남동에 자리하던 시절, 그러나 이미 졸업을 한 단국대생으로서 여전히 학교 도서관을 들락거리며 취업 준비를 해야 했던 나날들. 취기가 북돋아 준 객기로 하나가 된 선후배들은, 가끔씩 무작정 남산 방향으로 택시를 잡아타곤 했었다. 남산에서 내려다본 야경, 보다 정확히는 야근으로 밤을 밝히고 있는 을지로의 불빛들은, 우리에게 말을 건네는 얼굴이었다. '네가 생각한 것처럼 만만치는 않은, 바로 내가 세상이야!'라고 말하고 있는 듯했던, 한남동으로부터 남산을 경계로 '저 너머'였던 서울.

　을지로에 위치한 한 대기업 사옥에 들어서면서 떠올려 본 이런저런 상념들이었다. 안내데스크에 방문 목적을 말씀드리면서 떠올린 또 다른 얼굴은, 회사 입구의 회전문을 지나 경비 아저씨께 살가운 아침인사를 건네는 사원들이다. 어느 트렌디 드라마에서 본 듯한 그 한 컷을, 서울에서 직장을 다니는 이들의 낭만으로 생각한 적도 있었다. 내가 지닌 아침 풍경의 기억이라곤, 7시 30분까지 출근해 초과근무의 요건을 갖춘 뒤, 하기 싫은 등교지도를 하러 터벅터벅 교문으로 걸어 나가던 한 컷이다.

『우리가 어린 시절부터 보아 왔던,

지금도 여전히 남아 있는 풍경이,

그 시절과는

다른 말을 걸어올 때도 있다.

지나고 보면 다 맞는 이야기라던

어른들의 말이,

한참을 지나서 돌아보아도

다 맞는 이야기는 아니었던 것처럼….』

"이 노므 지지배, 또 화장하고 왔니?"

"화장한 거 아니에요. 선크림이에요."

학생들의 거짓말과 교사의 귀찮음이 한데 뒤섞여 그럭저럭 서로를 양해하며 넘어가는 아침인사가, 뭐 그렇게까지 살가운 표정으로 이루어질 이유도 없었다. 성장드라마가 심어 준 환상을 교직 생활의 로망으로 상상하던 시절도 있었건만, 시간에 따라 풍경은 전혀 다른 이야기를 건넨다. 낙엽이 아름다운 교정 벤치에 앉아 사제지간의 정감 어린 대화를 도란도란 나누는 장면이 모두 픽션이었다는 사실을 알아 버린, 교정의 낙엽은 감상하는 것이 아니라 징계받는 학생들이 치워야 하는 것이란 사실을 알아 버린 학생부 교사에게선, 에버그린의 로망 따위가 사라진 지도 오래전의 일이었다.

하긴 을지로에 나열된 회전문들을 매일같이 드나드는 이들에겐, 저 회전문이 정말 돌아 버릴 풍경인지도 모르겠다. 풍경은 그것을 바라보는 시선에게 말을 건넨다. 시간에 따라 전혀 다른 말을 건네기도 한다. 아직 자유롭게 드나들 수 없는 취준생들과 이미 지겹도록 드나드는 사원들에게, 저 회전문은 다른 말을 건네고 있는 다른 얼굴일 수밖에 없듯…. 우리가 어린 시절부터 보아 왔던, 지금도 여전히 남아 있는 풍경이, 그 시절과는 다른 말을 걸어올 때도 있다. 지나고 보면 다 맞는 이야기라던 어른들의 말이, 한참을 지나서 돌아보아도 다 맞는 이야기는 아니었던 것처럼….

2

　일반 직장을 경험해 본 적은 없는 터라, 대기업 사장실에는 처음 들어서 봤다. 집무실 옆에 따로 마련된 회의실, 그 벽면을 가득 채우고 있는 정물은 책이었다. 그도 일부만을 가져다 놓은 양이라는데, 동사무소에서 운영하는 소규모의 도서관을 방불케 할 정도이다. 그 자리에서 커피만 팔면 그냥 북카페가 될 듯싶은…. 김영하 작가가 말하는 책의 기능 중에 하나가 책장에 '꽂혀 있는 것'이다. 책장을 완성하는 배열의 미학 이전에, 책장 주인의 소양을 증명해 주는, 이 또한 그것을 바라보는 시선들에게 말을 건네는 얼굴로서의 풍경일 게다.

얼핏 훑어봐도 주전공이신 경영학보다도 철학에 관한 책들이 더 많은 지분을 차지하고 있다. 몇 번의 만남을 통해 익히 알고는 있었던 사장님의 성향, 정신분석의 계보로 분류되는 철학들을 좋아하신다. 정신분석에 관한 이론을 많이 읽다 보면, 새벽녘에 꾼 꿈을 해석해 보는 일로 하루 일과가 시작된다. 스스로를 진단해 보는 일에 익숙해지는 것이다. 라캉의 정신분석을 즐겨 읽으시는 사장님 스스로의 진단, 당신의 결핍을 채워 주는 상징물이 책인 것 같다고…. 책에 담긴 지식뿐만이 아니라 책 그 자체의 물질성까지….

책에 대한 욕망이 있으신 분들의 공통적인 특징인 것 같기도 하다. 내 아버지도 그렇게 책 모으는 것을 좋아하셨다. 이사 갈 때 가장 많았던 짐이 아빠의 책과 엄마의 그릇이었다는…. 그러고 보면 엄마에겐 그릇이 그런 욕망이었나 보다. 그 그릇 위에 담겨질 화목함뿐만이 아니라 그릇 자체의 물질성까지….

철학에 관심을 가지게 된 특별한 계기가 있으셨는가에 대해 여쭤보았다. 대학교 시절에 한학을 공부하는 친구분을 통해《논어》를 접하셨는데, 그것이 시작이었다면 시작이었다고…. 나와 인연이 된 스토리텔링 역시 내 블로그에 게재했던《논어》에 관한 내 학위 논문을 매개한다. 흔히들 공자의 표상을 仁(인)과 禮(예)로 알고 있겠지만, 정작 공자 자신이 가장 좋아했던 단어는 學(학)이었다.《논어》의 표상이라고도 할 수 있는, 첫 구절부터가 學(학)의 주제이지 않던가.

學而時習之 不亦說乎? (학이시습지 불역열호)
배우고 때에 맞게 익히면 또한 기쁘지 아니한가?

공자에게 있어 배움은 미지를 향한 열망으로 채워 가는 즐거움이지, 앎에 대한 강박이 아니다. 그래서 지식에 위계를 나누지 않았고, 배울 수 있는 일이라면 아랫사람에게 묻는 것을 수치스럽게 생각하지 않을 수도 있었던 것이다. 그렇듯 공자는 끊임없이 질문을 던지는 자였다.

《논어》에 관한 나의 논문은 니체의 언어로 공자의 사상에 질문을 던지는 작업이었다. 니체는 그것을 누가 왜 묻고 있는지에 대해서조차 질문을 던진다. 왜 그것을 궁금해하는가의 문제는, 질문을 유발하는 대상 이전에 질문자 자

신의 가치관을 반영한다는 것. 때문에 질문은 이미 대답의 성격을 내포하고 있다. 이를테면 누군가는 그 사람이 삶을 대하는 태도에 질문을 던지지만, 누군가는 그 사람이 소유한 자동차가 무엇인지에 더 관심이 많다. 묻는 일조차 무엇을 묻고 있는가를 자문해야 할 판에, 우리 사회는 질문 자체를 잘 던지지 않는다.

'학문'이란 단어는 한자로 學文(학문)이 아니라 學問(학문)이다. 한자는 품사가 따로 정해져 있지 않다. 問(문)을 목적어로 받을 경우, 학문이란 묻는 일을 배우는 행위이다. 사장님께서 가장 공감하신다는 인문학의 정의가 곧 학문의 정의이기도 하다. 끊임없이 질문을 던지는 일, 이는 인문적 양분이 부족한 한국의 풍토에 던져야 할 대답인지도 모르겠다. 우리 사회는 명확하게 규정되어 있는 모범답안이 도래하기만을 기대한다. 다가온 사건 자체에 대해 질문을 던지고 스스로 고민하는 시간을 갖기보단, 누군가가 이미 어떤 대답을 적어 놓은 판례를 뒤적여 보기에 바쁘다. 그 대답이라고 쓰여진 것들이 글쓴이가 직접 겪은 체험인 것도 아니다. 스티브 잡스가 그랬고, 빌 게이츠가 그랬단다.

《탈무드》의 한 구절을 인용해 보자면, 생각하는 것으로부터 달아나기 위해 우리는 책을 읽는다. 물론 책을 읽지 말란 이야기는 아니다. 스스로에게 한번 질문을 던져 보고 그 질문의 주변부터 탐문해 들어가야 함에도, 우리는 이미 주어진 대답으로부터 나올 준비가 되어 있다. 그 대답이란 것을 대부분 남에게서 얻는다. 누군가의 저서, 누군가의 강연, 누군가의 인생으로 들었던…. 스스로에게 던지는 질문이 없으니, 스스로가 내놓는 대답이 있을 리도 없지 않은가.

"

지금 시중에 나와 있는 많은 인문학들이 답을 내놓으려고 해요. 인생에 대해 답하려고 하고, 어떤 삶의 가치가 좋은 것인지에 대해 답하려고 하는데, 그런 건 결국엔 남의 삶을 재현하는 것에 지나지 않다고 봐요. 사실 저도 많이 그렇게 살았어요. 답을 찾아 살아온 전형적인 강박증자였죠. 회사에서 직장생활 10년 이상 한 사람은, 거의 다가 강박증 환자예요. 회사는 강박증적인 구조로 되

"

사장님의 말씀처럼, 한국은 언젠가부터 자생의 문화를
잃어 가고 있는 듯하다. 어느 문예부 기자의 질문처럼, 문
예창작과가 생겨난 이후에 문학이 퇴락해 버린 현상은 단
지 우연일까? 아니면 적어도 상관일까? 그런데 이제 세상
은 글쓰기 방법을 가르쳐 주겠노라 책을 팔고 수강료를
받아 챙긴다. 이 또한 해법보다는 '정답'에 얽매이는 우리
사회의 얼굴은 아닐까?

인간은 확연한 것을 선호한다. 어떤 식으로든 원인이 밝
혀져야 하며, 그로 인해 얻어질 수 있는 어떤 결론을 기대
한다. 철학은 오래전부터 이런 확연의 담론을 거부해 왔
다. 막연함 그 자체를 차라리 인과와 상관의 명분과 체계
로 한계 지어지지 않는, 열린 가능성으로 해석하고 있다.
문제는 철학의 사조와 경향이 대중에게까지 사조와 경향
은 아니라는 점. 사회학 이론을 사회 전체가 아닌 사회학

자들만이 알고 있고, 대부분의 인간이 지니고 있는 심리이
건만 심리학자들만이 그 심리일반의 대강을 엿볼 수 있는
경우와 같은 맥락이다. 여전히 대중들은 확실한 대안이 책
에 적혀 있기를 바란다. 그리고 책은 대중들의 바람대로
선명한 체계와 명분을 실어 놓는다. 그 방법론대로 하면
무엇이라도 이루어 낼 수 있을 거라는 양….

3

'끝없는 도전 속에, 피고 지는 청춘 속에 내일을 건다.'
   어린 시절에 방영되었던 〈TV손자병법〉, 전영록이 부른
주제곡의 이 마지막 부분을 아직도 기억하고 있다. 가물가
물한 기억이지만, 샐러리맨들의 직장생활을 소재로 했던
드라마는, 등장인물들의 이름이 유비, 조조, 관우, 장비, 여
포… 하여튼 이랬었다.
   사장님께선 이 드라마가 방영되던 시기에 입사를 하셨
단다. 입사동기들보다 조금은 빨리 승진을 한 경우이지만,
당신 역시 몇 번의 위기가 있으셨다고…. 그 위기를 어떻

『신분제 사회에서는 개인의 불행이
개인의 책임이 아니었다. 노예로 태어나
비루한 삶을 지속할 수밖에 없는 이들에겐
노예의 자식으로 태어난 죄밖에 없다.
그러나 오늘날에는 일단 외형적으로는
평등해졌다. 하여 개인의 불행을 전적으로
개인에게 책임을 지운다.
네가 노력하지 않아서, 지혜롭지 못해서
이렇게 된 것이라며….』

게 모면했는가를 돌아보면, 스스로의 위기 대처능력이 뛰어났던 것이 아니라 단지 남들보다 운이 좋은 케이스였단다. 요행히 자리를 옮겨 피해 간 불운이었거나, 좋은 사람을 만나 도움을 입었거나, 외부 환경이 좋아졌거나, 자신의 책임을 다른 사람이 대신 졌거나 하는 경우들이었고, 그 운의 조합이 오늘날의 이 자리일 뿐이라고….

때문에 서점가의 성공 이론들에 대해서는 씁쓸한 웃음을 지어 보이기도 하신다. 개인이 잘나고 못나서가 아니라, 정황적 조건이 결과를 규정하는 경우가 비일비재한 세상사이기에, 결과론적으로만 개인의 역량과 인생을 평가할 수 없다는 말씀. 같은 역량의 조건으로도 누군가는 되지 않는 경우가 있지만, 서점가의 담론들은 운이 좋았던 자들의 사례들만을 모아 그것을 거꾸로 소급해 정식화하는 목적론적 오류라는 것. 스티브 잡스에게 전혀 뒤지지 않았던 수많은 '갈망'과 '무모'가 실패로 사라져 갔지만, 세상은 단 하나의 성공 신화만을 필생의 공식으로 상품화를 할 뿐이다.

현대철학이 지적하는 서구 역사의 고질병은, 필연의 원리와 공식을 찾아내어 모든 걸 설명하려 드는 습성이다.

도리어 오늘날의 서구는 저 스스로를 반성하는 인문적 풍
토인데 반해, 서구화에 급급했던 동양은 잃어버린 저 자신
을 여전히 회복하지 못하고 있다. 그 대표적인 현상이 서
점가의 성공학 담론들일 것이다.

사장님께선 알랭 드 보통의 《불안》에 나오는 구절을 인
용하신다. 신분제 사회에서는 개인의 불행이 개인의 책임
이 아니었다. 노예로 태어나 비루한 삶을 지속할 수밖에
없는 이들에겐 노예의 자식으로 태어난 죄밖에 없다. 그러
나 오늘날에는 일단 외형적으로는 평등해졌다. 하여 개인
의 불행을 전적으로 개인에게 책임을 지운다. 네가 노력하
지 않아서, 지혜롭지 못해서 이렇게 된 것이라며….

그러나 자본의 시대 역시 계층을 재생산해 내는, 신분제
사회에 다름 아니다. 양극화가 심해질수록 계층 간의 이
동은 더욱 어려워지는 현실, 간간이 용을 배출했던 개천
도 이젠 물이 말라 바닥을 드러낼 지경이다. 그러나 이런
구조의 문제를 감안하지 않는 성공의 신화들이 여전히 팔
려 나간다. '27살의 이건희'처럼, 혹은 이렇게 산 이 사람
처럼, 저렇게 산 저 사람처럼…. 그러나 가만히 따져 보면,
우리에게 27살 시절의 열정이 없었던 것일까? 아니면 젊

은 시절의 이건희에게 주어진 것과 같은 조건이 허락되지 않았던 것일까? 왜 이런 질문조차 던지지 않는 것일까?

체념을 위한 미련

1

이 기획은 사장님의 블로그 닉네임으로부터 착안한 아이디어였다. 때문에 《어린 왕자》를 좋아하시는 특별한 이유라도 있으신지에 대해 여줬다. 사장님의 대답은 '해석'이었다.

"

스토리 자체가 워낙 재미있기도 하지만, 저에겐 《논어》랑 비슷한 느낌이에요. 읽을 때마다 새로운 구절이 읽히고, 시간이 지나면 그 구절이 다른 식으로 해석이 되고…. 현재라는 시간은 계속 미래 속에서 편집이 되잖아요. 오늘 일어난 사건이 다른 큰일로 번지게 되면, 순간의 의미가 다르게

해석되기도 하고…. 책도 똑같다고 봐요. 자신의
삶으로 끊임없이 재해석되고, 그 재해석으로 자
신의 삶을 재구성하게 하는 책들이 있죠. 그런 점
이 이 동화의 매력인 것 같아요.

”

그것을 처음 접한 시점으로만 판단되지 않는, 지금까지
살아온 나의 모든 시간들로 판단이 되는 저마다의 명작들
이 있지 않던가. 개인적으로 내겐 미야자키 하야오의 애니
메이션들이 그런 동화이다. 유년 시절에는 정의감으로 똘
똘 뭉친 〈미래소년 코난〉의 영웅담을 시청했던 것 같은데,
어른이 되어 다시 돌아본 동심의 자리에는 인간의 탐욕과
문명의 오용이 초래한 폐해들이 그려져 있었다. 동심에 기
반해 어른까지 설득하는 미야자키 하야오의 판타지 중에
는 언뜻 생텍쥐페리를 연상케 하는 장면들이 꽤 있다. 아
닌 게 아니라, 《어린 왕자》에 관하여 사장님과 같은 소회
를 밝혔던 인물이 바로 미야자키 하야오이기도 하다.

문학계에 발을 걸고 있는 모든 이들이 《어린 왕자》에 대
한 찬사를 쏟아 내는 건 아니듯, 하나의 텍스트는 읽는 이

들의 해석에 따라 다양한 의미로 분화한다. 한 개인의 해석도 그가 딛고 있는 시간대에 따라 달라지기 마련이다. 우리가 저마다의 명작으로 간직하고 있는 콘텐츠들은, 개인의 모든 시간대의 선택을 받아 어떤 의미로든 해석될 수 있는 가치들일 것이다. 그저 인생의 한순간으로 소비되는 것이 아닌, 전 인생에 걸쳐 소장되는 것. 이는 현대사회가 점점 잃어 가고 잊어 가고 있는 가치이기도 하지 않을까?

나 역시 글을 쓰면서《어린 왕자》를 인용하는 경우가 많은 편이다. 그럼에도 불구하고 이 동화가 너무 반듯한 메시지를 건네려 한다는 느낌을 받기도 한다. 물론 내가 순수하지 못한 이유에서겠지만…. 혹 나와 같은 이들에게 건네고 싶은 말씀이 있으신지에 대해 여쭸다. 사장님의 대답은 '동심의 철학'이었다.

"

오늘날 성공한 회사들은 모두 금기를 깬 회사들이에요. 사회적인 통념으로는 그렇게 하면 안 되는 것들을 해낸 경우들이거든요. 안 된다는 고정

관념을 깬 사례들이죠. 스티브 잡스나 앨런 머스크 같은 사람들은 본질에 빨리 접근할 수 있는 맑은 눈을 지닌 경우라고나 할까요? 제가 보기엔 동심으로 보는 이들은 창조를 하는 사람들이에요. 그런 예술가적 자아가 지닌 열린 지평으로서의 동심을 역설한 철학자들이 많이 있잖아요? 니체라든가, 맹자라든가….

"

어른들에겐 자신의 지평 너머 세계가 그다지 궁금하지도 않고, 그렇게 흥미롭지도 않다. 자신이 알고 있는 방법론을 안정성이라고 믿고 있기에 더 이상 배우려 들지도 않는다. 이런 연유에서 니체는 동심을 자기 철학의 귀결처로 삼았다. 그리고 그 상징이 미야자키 하야오와 생텍쥐페리의 접점인 하늘이기도 하다. 중력으로부터 벗어나 있고 아무런 길도 그어져 있지 않은 자유의 공간은, 규정된 체계와 고정된 관념을 거부한다. '비행(飛行)'을 다루는 장면들이 유난히 많은 미야자키 하야오의 세계가 가업으로부터의 영향이란 사실은 아는 사람들 사이에서는 꽤나 유명한 이야기이다. 그러나 그런

『어린 왕자는 그 문신을 지워 가는
시간이라고 보여져요.
타자의 욕망을 지워 나가면서
다시 원래의 자아로 돌아가는 것.
세상의 욕망을 다 따라가 보고,
다시 그 길을 지우며 내 길을 찾아가는
것이지, 그저 철없는 아이로
돌아가라는 의미는 아니겠죠.』

현실적인 이유가 아니더라도, 정신분석에서 해석하는 하늘은 유년 시절의 기억과 맞물려 있는 공간이다. 생텍쥐페리의 꿈이 맞닿은 공간이 하늘이었던 이유이기도 할 테고….

맹자 가라사대,

大人者 不失其赤子之心者也 (대인자 불실기적자지심자야)
큰 인물이란 어린아이의 마음을 잃지 않는 자이다.

《도덕경》에도 적혀 있길,

專氣致柔 , 能嬰兒乎 (전기치유 능영아호)
기운을 부드럽게 하여 어린아이와 같아질 수 있겠는가?

서양철학에서나 동양철학에서나 아이의 메타포는 고지식함으로 굳어지지 않은 사고의 유연성을 의미한다. 아이의 시절엔 모든 우연적 조건들에 충실하게 반응한다. 항상 그것이 궁금하고, 항상 그것들에 대한 질문을 던진다. 나이가 들수록 반응에는 필연의 지분이 늘어 간다. 예전에 이미 다 겪어 봤다는 기억을 신뢰하며, 현상 그 자체에는 질문을 잘 던지지 않는다. 이미 다 알고 있다는 신념으로, 자신이 확신하는 대답을 다시 겪을 뿐이다. 그 결과, 자신이 아는 것으로 모르는 것에까지 대답할 준비가 되어 있는 어른의 시간은, 생각의 성장판도 닫혀 있다.

"

어찌 보면 영화 <메멘토>에서처럼 온몸에 문신을 새기는 거죠. 어린 왕자는 그 문신을 지워 가는 시간이라고 보여져요. 타자의 욕망을 지워 나가면서 다시 원래의 자아로 돌아가는 것. 세상의 욕망을 다 따라가 보고, 다시 그 길을 지우며 내 길을 찾아가는 것이지, 그저 철없는 아이로 돌아가라는 의미는 아니겠죠. 타자와 공존하는 삶을 어떻게 살 것인가? 내 삶 속에 타인을 어떻게 구성할 것인가? 그런 관계 맺기까지를 다 포함한 가치들을 맑은 눈으로 바라볼 수 있는 경지이겠죠.

"

워낙 라캉의 정신분석을 좋아하시는 분이기에, 라캉의 알고리즘을 전제하고 말씀하시는 경우가 종종 있었다. 더군다나 그 말씀을 축약해서 옮긴 원고이다 보니, 내 부연이 더 길어지는 경우는 자주 있었다. 사장님의 말씀을 자세히 해설하려면 라캉의 '상징계' 개념부터 설명해야 하는 일이지만, 최대한 쉽게 요약하자면 사회화의 과정에서 인습으로 굳어지게 되는 사회적 가치들을 털어 내야 한다는 함의이다. 어른으로 자라나면서 우리의 몸에는 수많은 타자(他者)의 담론들이 새겨진다. 혼자서 살 수만은 없는 사회적 존재들이기에, 타인과의 소통 사이에서 겨우겨우 저 자신일 수도 있다. 그렇기에 항상 타자에게 관심을 기울여야 하는 것도 당연한 일이지만, 문제는 그 사회화 과정에서 오롯하게 자신이었던 시절의 기억을 잃어버린다는 점이다.

2

교사로서 첫 출근을 하던 날에 가장 먼저 마주한 낯설음은 학생들이 죄다 걸치고 있는 '노스페이스' 패딩이었다. 이때 막 학생들 사이에서 붐이 일던 시기였다. 내 또래들의 학창시절에도 교복 가게에서 코트를 맞추는 경우가 더러 있었기에, 나는 그 로고가 '스마트'나 '아이비' 같은 교복 브랜드인 줄 알았다. 학생들의 자율성을 가로막는 획일화된 교육의 현장, 그 몰개성의 표상인 줄 알았는데, 알고 보니 자율적 획일화였다.

'둥골 브레이커'를 향한 아이들의 욕망에 혀를 차며 손가락질만 할 수도 없는 이유는, 아이들은 사회적 욕망을 습득할 수밖에 없는 상징의 세계에서 자라나기 때문이다. 그 상징이란 게 결국 자본의 가치들이다. 어떤 브랜드의 옷과 가방, 몇 cc 배기량의 자동차, 어느 식당에서 먹은 무슨 음식 등등. 군중 속에서 자신의 위치를 확인하게끔 하는 공증의 상징들. 그 상징들을 누가 만들어 놓았을까? 아이들이 원인인 현상들은 극히 드물다. 대부분이 어른들의 '증상'인 경우이다. 아이들은 자신을 어필하기 위해서라기보단, 그 상징의 세계에서 소외되지 않으려고 그것을 욕망하는 것이다.

이렇듯 우리의 욕망이란 게 개인적이지도 주체적이지도

『자본사회에서는 그 대표적인 상징적
언어가 화폐이다.
실질적 가치가 어떻든 간에,
상품에 매겨지는 가격이 곧 그것의 가치를
대변하는 상징성이다.
도심의 거리에 즐비하게 진열된
모든 것들이 자본의 언어로 환산되어 있다.
그러나 원빈이 걸친 저렴한 옷이
원빈의 가치를 대변하는 것은 아니듯,
가격이 곧 가치인 것만은 아니다.』

않다. 남들이 지닌 건 나도 가지고 있어야 하며, 적어도 남들처럼은 살아야 한다. 그리고 그것을 SNS에 게재하는 이미지들로 증명해 보이려 한다. 어느 순간부터 이런 타자의 욕망들이 개인의 생각을 대신하면서, 잊지 말아야 할 것들을 쉬 잊어버리고, 잊어도 그만인 것들은 잊을 새라 몸에 새기며 시시각각 들여다보는 메멘토적 도착. 사장님께도 메멘토적 욕망을 따라가던 시절이 있으셨단다. 그러나 철학을 통해 내려놓기를 배운 것 같다고 말씀하시기도….

프로이트 이론에서 말하는 '퇴행'이란, 현실을 부정하며 과거로 숨어드는 방어기제이다. 어떤 노력에도 결국엔 변하지 않을 것이란 체념이, 아이의 어리광으로 돌아서는 것이다. 반면 프로이트가 또 다른 의미로 언급하는 아이의 시간은 미래의 속성이다. 그가 제시하는 행복의 방법론은 어린 시절에 지녔던 꿈으로 되돌아가는 것이다. 그렇듯 아이의 시간은 어제로의 퇴보가 아닌, 내 몸에 새겨진 타자의 담론들을 하나둘 지워 나가며 앞으로 나아가는 내일이다.

3

라캉이 말하는 상징계란 언어가 습득된 이후의 시간을 일컫는다. 그 사회의 소통 도구인 언어는, 그 사회가 추구하는 가치들도 함께 주입하기 마련이다. 라캉의 정신분석에서는 언어를 사회적 가치가 투영되어 있는 상징체계로 전제하는 것이다. 자본사회에서는 그 대표적인 상징적 언어가 화폐이다. 실질적 가치가 어떻든 간에, 상품에 매겨지는 가격이 곧 그것의 가치를 대변하는 상징성이다. 도심의 거리에 즐비하게 진열된 모든 것들이 자본의 언어로 환산되어 있다. 그러나 원빈이 걸친 저렴한 옷이 원빈의 가치를 대변하는 것은 아니듯, 가격이 곧 가치인 것만은 아니다. 라캉은 이런 불일치의 속성을 지적하고 있는 것이다.

우리는 상품들의 내재적 가치를 욕망하는 것일까? 외연적 가격을 욕망하는 것일까? 자본사회에서 우리는 가격이 가치를 대리하고 있다는 믿음 속에서 자라난다. 때문에 욕망의 문제에 있어서도 본질적인 욕망과 성취되는 욕망의 싱크로율이 다른 것이다. 남부럽지 않은 성공을 이루어 낸 삶에도, 허탈과 무상이 갈마드는 현상은 이렇게 설명될 수 있다. 우리는 그 사회가 공증하는 대리적 욕망에 스스로를 끼워 맞춘다. 그래서 자신이 진정 무엇을 원하는가에 대한 진지한 고민보다는, 그저 연봉의 많고 적음이 욕망의 잣대이다. 개인의 무의식마저 사회의 담론에 오염되어 있는 형국이다. 사회의 시간에 길들여진 삶은, 순수한 개인의 시간을 돌아보는 데 익숙하지 않다.

발달 이론에 따르면, 대개 7세 이전의 아동은 타인의 입장에서 생각을 하지 못한다. 자기중심적으로 이루어지는 생각의 결과, 좋아하는 유치원 선생님에게 드리는 선물의 기준도 자신이 좋아하는 것이다. 어린 왕자에게 어른들의 세계가 이해되지 않는 것도 당연한 일이다. 아직은 사회적 차원에서의 소통방식이 완벽하게 습득되지는 않은 시기이다.

그렇듯 동심은 자기중심적으로 사고를 할지언정, 적어도 자신만의 언어로 상상의 나래를 펴는 스토리텔링이 가능하다. 사회적 상징의 가치들로 스스로를 옭아매지 않기에, 우리의 어린 시절은 그렇듯 행복했던 것이다. 온 가족이 단칸방에 모여 살아도, 자신이 가난하다는 사실을 잘 인지하지 못했다. 그렇게까지 나이키 신발을 가지고 싶어

하지도 않았을뿐더러, 소유하지 못한 나이키에 굳이 열등
감도 느끼지 않았다. 차라리 그 시절에 우리는 본질을 들
여다보고 있었다.

무너지는 믿음 앞에서

1

이야기는 사막에 불시착한 비행사와, 그 불모의 땅 어딘가에서 뜬금없이 나타난 한 소년과의 만남에서 비롯된다. 비행사와 어린 왕자의 관계는 얼핏 영화 〈파이트 클럽〉을 떠올리게 한다. 영화를 보신 분들은 그 대강을 아시겠지만, 브래드 피트는 에드워드 노튼이 환상 속에서 마주친 자신의 이상적 자아였다. 이는 내 독자적인 발상인 건 아니고, 비행사와 그가 만난 어린 왕자를 생텍쥐페리의 두 자아로 해석하는 논문들이 이미 꽤 있다.

작가 이전에 비행사이기도 했던, 생텍쥐페리 자신이 직접 사막에 불시착한 경험을 기반으로 쓰여진 소설이기에, 아마도 죽음의 문턱에서 주마등처럼 스쳐 가는 행복했던 시절의 기억이 어린 왕자로 인격화된 경우가 아니었나 싶

다. 그 증거로서 어린 왕자의 의상은 유년 시절의 생텍쥐
페리가 즐겨 입었던 것이란다. 결말에서 어린 왕자가 자신
의 별로 돌아가던 날에 마침 비행사가 비행기를 다 고쳤다
는 점도, 상당히 훌륭한 정신분석적 설정이라는 생각이 든
다. 이제 환상으로부터 깨어나 현실로 돌아올 시간이라는
듯한….

동화의 첫 페이지에 등장하는 모자 그림, 아니 코끼리를
삼킨 보아뱀 그림은 비행사로 하여금 유년 시절을 회상하
게 하는 매개물이다. 이 동화를 읽지 않은 이들도 마치 이
동화를 읽었던 것으로 착각하게 하는 너무도 유명한 그림
은, 어른의 세계로부터 거부당한 유년의 꿈을 상징한다.
비행사는 아이의 세계로는 도저히 어른들을 이해시킬 수
없다는 성찰이 찾아든 6살의 나이에 화가의 꿈을 포기했
다. 그보다는 지리, 산수, 역사, 문법 같은 학문이 어른들
세계에서의 실용성이었다.

사막으로의 불시착, 광활함을 비추는 태양 아래로 드리
워진 죽음의 그림자, 그 불안 속으로 걸어 들어온 어린 왕
자는 비행사와의 첫 만남에서 다짜고짜 양 그림을 그려
달라고 한다. 비행사는 어른들을 이해시키지 못했던 보아

『나이키에 눈을 뜨고 난 이후에는
나이키 운동화를 사면 행복하지만,
나이키에 눈을 뜨기 전의 우리는
나이키 운동화를 갖지 못했다고 해서
불행하지는 않았다.
맨발로라도 나가서 놀고 싶었던 시절이
있었는데, 나이키 운동화가 없어서
밖에 나가고 싶지 않은 시절 이후를
살아가고 있는 우리들이기도 하다.』

뱀 그림 이후로는 그림을 그려 본 적이 없다. 그러나 어린 왕자의 성화에 못 이겨 서툴게나마 양을 그려 본다. 마지막에 가서는 자신의 별로 돌아간 어린 왕자를 기억하기 위해 그와의 만남을 기록하면서 삽화까지 그려 넣었다. 비행사는 어린 시절에 두고 왔던 자신의 꿈을 어린 왕자를 통해 다시 꺼내어 보게 된 것이다.

어린 왕자를 비행사의 분열증적 자아로 해석한다면, 결국 어린 왕자가 상징하는 바는 죽음의 불안 속에서 마주친 유년 시절의 꿈이라고도 할 수 있겠다. 내일 당장 우리에게 죽음이 닥친다면, 우리는 어떤 후회들로 오늘을 보내고 있을까? 아마도 더 절실하게 사랑하지 못했던 어제까지의 삶에 대해서이지 않을까? 머지않은 미래에 죽음이 도래한다면, 그래도 지금의 일을 계속하고 있겠는가? 아니면 죽기 전에 한 번이라도 정말 해보고 싶었던 꿈으로의 시간을 선택하겠는가?

니체의 철학을 설명할 때 항상 등장하는 '영원회귀' 개념은 그걸 묻고 있는 것이다. 이 삶이 다시 반복된다면, 당신은 지금 이대로를 반복하겠는가? 다시 반복할 만한 가치의 삶을 살고 있는 지금인가에 대해 질문을 던져 보라는 것이다. 비행사에게 어린 왕자는 그런 영원회귀적 질문인 동시에 대답이기도 했다. 긍정의 철학이라고도 불리지만, 니체의 긍정은 모든 문제가 어떻게든 잘 해결될 거라는 식이 아니다. 삶의 모든 순간에 죽음을 전제하는 것, 내일 당장 죽더라도 후회가 없을 현재를 살아가는 것이다. 하여 어느 유명한 시 구절처럼, 살라! 오늘이 마지막 날인 것처럼…. 물론 내일 당장은 죽지 않을 것이라는 보다 높은 확률에 기댄 믿음으로, 내일도 여전히 어제처럼 살아가고 있을 우리이겠지만….

2

샐러리맨으로서 오를 수 있는 최고의 지점까지 오른 인생이라고 해도 과언은 아닐 것이다. 그런데 사장님께서 어린 시절에 지녔던 꿈이 대기업의 사장이 되는 것이었을까? 꼭 그렇지만도 않다는 사실을 말하고 있는 근거들이, 회의실을 가득 채우고 있는 철학책들은 아닐까? 그런 것 보면 꿈의 목적은 이루어 내는 성질이 아닌 듯싶기도 하

꿈꾸는 소년

다. 꿈의 목적은 언제나 '꾸는 것'으로 남아 있는 것이 아
닐까? 이미 그것을 이루어 낸 어른이 아닌, 여전히 그것을
간직하고 있는 소년으로 남아 있게 하는 영원회귀.

"

딱히 꿈이라고 할 만한 게 없었던 것 같아요. 또
어린 시절에 지녔던 꿈이란 게 대개 부모의 꿈이
지 자신의 꿈은 아니잖아요? 어릴 땐 그렇게까지
공부를 잘하는 아이도 아니었어요. 고등학교에
진학할 즈음부터 공부 깨나 한다는 소리를 듣게
되더라구요. 그래서 내가 공부 쪽에 재능이 있는
가 보다 하고 그냥 공부를 열심히 했죠. 대학교에
서 전공은 경영학이었지만, 미술사에 대한 공부
를 계속해 볼까 하는 생각도 있었어요. 그런데 어
린 시절부터 안정적인 직장을 욕망할 수밖에 없
는 환경 속에서 자란 터라, 그냥 취업을 택했죠.

"

사장님의 대답에, 문득 이석원 씨가 《보통의 존재》에 적

어 놓은 구절이 스쳤다. 왜 우리 사회는 청춘들에게 꿈을 강요하는 것일까? 꿈이 없을 수도 있는 것을, 왜 그렇게 꿈을 찾으라고 닦달을 해대는가 말이다. 그 구절을 읽고서 나도 조금은 반성을 했다. 또한 지금 써내려 가고 있는 이 원고 역시 그런 '닦달'의 성격은 아닌가를 다시 살피면서 퇴고를 했다.

사장님과의 인터뷰가 있을 때마다 인문학 프로젝트를 함께하는 친구들을 한 명씩 초대했다. 이 대화가 오고 간 날에 함께했던 한 작가분께, 어려서부터 글에 대한 꿈이 있었냐고 물었다. 그녀의 대답은 '아니요'였다. 우연한 계기와 마주치기 전까지는 상상도 해보지 않았던 영역이었다고…. 실상 내 경우도 그렇다. 지금이나 철학에 관한 지식을 당연하듯 입에 달고 살지만, 불과 몇 년 전만 해도 나는 책 자체를 별로 좋아하지 않았던 성향이다. 그렇듯 서른이 넘은 나이에 예상치 않은 방향에서 갑작스럽게 치고 들어오는 꿈도 있다.

생각해 보면 어린 시절에 장래 희망이란 명분으로 기입해야 했던 가치들이 결코 우리의 순수한 욕망은 아니었다. 대부분 부모의 욕망이다. 그리고 대부분의 아이들이 고분

고분하게 그 꿈을 자신의 꿈으로 받아들인다. 심리학에서는 '착한 어린이 증후군'이라 부르는 일련의 증상들 중 하나이기도 하다. 부모의 꿈을 자신의 꿈으로 말해야 부모가 기뻐한다는 사실을 알게 되는 나이에, 우리의 꿈은 죄다 대통령과 과학자, 판사, 의사였다. 우리에게 권고되는 꿈의 범주란 게 실상 돌잡이와 같은 구성이다. 부모들이 원하는 가치들로만 깔아 놓고서 네가 좋아하는 걸 선택하라는…. 부모들의 권고 기준은, 그 직업의 사회적 공헌도라기보단 사회적으로 공인된 그 직업의 안정도이다.

"

바오밥나무를 그런 관점에서 살필 수 있지 않을까요? 처음 싹이 돋아났을 때는 장미와 구분이 되지 않고, 그 가치에 대한 의심으로 돌아보지 않는 사이, 이미 별 전체를 집어삼키는….

"

개인적으로는 바오밥나무에 대한 어느 해석보다도 사장님의 대답이 인상적이었다. 우리가 지니고 있었던 꿈

이 과연 꿈의 가치이기나 했을까? 서점가의 자기계발론들이 가지라 이루라 말하고 있는 꿈이란 것도, 결국엔 열망의 순도가 아닌 자본의 수치로 환산된 대리적 욕망들이다. 때문에 어려서부터 간직해 왔던 자아실현의 표상을 획득하고서도 도리어 자아정체성의 혼란을 겪는 모순. 그런 점에서 본다면, 차라리 자신의 꿈이 무엇인가에 대한 질문을 던질 수 있는, 혹은 진로에 대한 혼란을 겪고 있는 이들이, 진정한 꿈의 가치를 잠재하고 있는 보통의 존재들인지도 모른다.

물론 자본의 가치를 무시할 수도 없는 노릇이다. 적정 벌이가 실현되지 않는 꿈도 정체성의 혼란으로 이어지긴 매한가지이다. 그러나 적어도 어떤 조건이 앞서 있느냐를 한번 살필 필요가 있지 않을까? 바오밥나무가 장미를 집어삼킨 어린왕자의 소행성 B612. 우리가 꿈이라고 내뱉었던 가치들이 가닿고 있는 미래가 그런 폐허의 풍경인지도 모른다.

3

어린 왕자의 성화에 못 이겨 비행사는 양을 그려 준다. 그려 달라고 해서 기껏 그려 줬더니, 이건 이래서 안 되고, 저건 저래서 안 된다. 어린 왕자가 다소 귀찮아지기 시작한 비행사에게서 발휘된 기지는, 그 안에 양이 들어 있다는 상자를 그리는 것이었다. 그제서야 어린 왕자는 흡족해한다. 어른과 아이를 동시에 만족시킨 양의 그림은, 구체적인 양의 형상이 아니었다. 아예 양의 형상을 지워 버린 상자 하나, 그 상자는 어떤 형태의 양도 들어 있을 수 있는 도리어 열린 가능성이다.

《어린 왕자》가 전하고 있는 주제 중 하나가 마음의 눈으로 보라는 것이다. 생텍쥐페리가 자칫 진부할 수도 있는 이 주제를 드러내는 방식은 역설적으로 숨겨 버리는 것이었다. 보아뱀이 삼킨 코끼리처럼, 사막이 숨겨 놓은 오아시스처럼 말이다. 양의 형상을 숨겨 버린 상자로부터 모든 양의 모든 존재 가능성을 발견하는 동심의 원동력은 상상이다. 어른들에겐 그런 상상의 능력이 부족하다. 당장에 눈에 보이는 것들에만 끌려갈 뿐이다.

어른으로 자라나면서 우리는 가시적인 표상에 시달리기 시작한다. 라캉의 정신분석은 그런 표상이 사회로부터 주입된 환상이라는 점을 지적하고 있는 것이다. 나이키에 눈을 뜨고 난 이후에는 나이키 운동화를 사면 행복하지만, 나이키에 눈을 뜨기 전의 우리는 나이키 운동화를 갖지 못했다고 해서 불행하지는 않았다. 맨발로라도 나가서 놀고 싶었던 시절이 있었는데, 나이키 운동화가 없어서 밖에 나가고 싶지 않은 시절 이후를 살아가고 있는 우리들이기도 하다.

어른들의 사고는 결코 가시의 범주를 벗어나지 않는다. 그 경계의 밖을 보려하지 않기에, 그것밖에 보지 못한다. 우리가 말하는 꿈의 가치조차 그 사회가 권고하는 가시적 표상들 중 하나의 선택이다. 발견하고자 하는 노력이 아니라, 이미 주어진 것들 내에서의 선택이다. 장래 희망을 묻는 질문에 대한 아이들의 대답이 여간하면 의사와 과학자였던 시절이 있었다. 물론 어른들로부터 주입된 꿈이었지만, 아이가 말했던 의사와 과학자가 구체적인 진로에 대한 열망도 아니었다. 그저 훌륭한 사람이 되겠다는 의지를 의사와 과학자라는 단어로 대리하고 있었을 뿐이다.

그러나 성장의 어느 순간부터 우리는 그 단어들이 제시하는 구체적인 조건들에 휘둘린다. 의사와 과학자의 꿈이 아닐망정, 의사와 과학자가 되려는 꿈과 같은 방법론을 공유해야 한다. 오로지 입시에 매달린다. 보다 좋은 직장을 갖기 위한 꿈을 실현하고자…. 훌륭한 사람이 되겠다던 그 원형질의 열망은 잊혀지고, 삶의 어느 순간부터 이미 구체화되어 있는 매뉴얼의 밖을 바라볼 수 없게 된다. 세상은 그것을 '모범답안'이라고 종용한다. 그리고 우리는 그 구체화된 표상에 맞추어 '과정으로서의 분열증'(들뢰즈의 표현)을 일으킨다. 내 경우로 예를 들자면, 공부를 썩 잘하지는 못한 학생이었다가, 입시에 성공하지 못한 재수생이었다가, 대학에 입학해서는 얼마의 시간이 더해질지 모를 잠정적 취준생이었다.

4

노래의 1절을 마친 보컬이 간주의 텀을 빌려 밴드 멤버를 소개하는 순간, 밴드의 멤버들은 자신의 악기를 독주하

『서점가에서는 누누이

'스펙보단 열정'이란 말로

청춘들을 위로하지만, 선발의 주체가 한정된

면접시간 내에 그 열정의 온도를 무엇으로

잴 것이냐의 문제를 따져 본다면,

그 얼마나 공허한 위로인가 말이다. 명문대의

학력이 아닐지언정,

열정의 이력을 보여 줄 증거물들도

필요한 게 현실이다.』

는 방식으로 소개를 대신한다. 이때 유난히 귀에 들어오는 악기가 아마 베이스 기타일 것이다. 합주 동안에는 다른 악기 소리에 묻혀 거의 들리지 않기에, 조합의 밖에 있다가 독주 순간에야 급히 참여한 소리처럼 들린다. 늘 연주에 참여하고 있었지만, 잘 들리지 않는 악기. 그렇다면 무슨 이유에서 밴드의 필수 구성인 것일까?

그 이유를 알기 위해서는 베이스 기타만 빼고 연주한 음악을 들어 보면 된다. 거의 들리지 않는 악기가 정말로 들리지 않을 때, 확연한 차이를 느낄 수 있다. 어딘가 모르게 개운치 않은, 우리가 익히 알고 있는 밴드음악의 전형적인 심상은 아니다. 베이스 기타가 연주되지 않을 때야 비로소 베이스 기타를 감지하는 역설, 그만큼 우리가 잘 들리지 않은 베이스 기타 소리에 익숙해져 있는 것이기도 하다.

구조주의 철학은 현상 이면에 숨겨진 심층에 관해 지적하는 경우이지만, 그 심층이란 게 도리어 너무 익숙해서 보이지 않는 것들이다. 누구나 보고 있으면서도 누구에게도 나타나지 않는 것들. 정작 중요한 것은 눈에 보이지 않는다던 《어린 왕자》의 어록을 다른 각도로 해석하자면, 정말 진지한 논의가 이루어져야 할 문제들에 무뎌져 있는

64   꿈꾸는 소년

'이상한 어른들'에 대한 충고이다. 어른들은 그게 왜 당연한 것인지에 대한 질문을 던지지 않는다. 삶은 원래 그런 거니까.

영어 공부가 지겨운 학생들의 시선에선, 한국에 사는 한국인들이 왜 그토록 영어에 목을 매야 하는지가 궁금하기도 할 것이다. 영어가 필요한 사람들만 공부를 하면 될 것 같은데, 한국은 모든 이에게 영어가 필수이게 만드는 구조이다. 왜 영어 점수가 실무 능력을 대변하는 잣대인 것일까? 그 현상의 심층에 대해선 의문을 제기하지 않는다. 제기해 봐야 소용도 없을뿐더러, 그 시간에 숙어 하나를 더 외우는 게 효율성이다. 지금의 시절엔 이미 어른들이 만들어 놓은 구조의 안으로 포획된 아이들부터가, 왜 남의 나라 말을 배워야 하는지에 대한 질문을 던지지 않는다. 어차피 그래 봐야 엄마한테 혼이 나니까. 그저 당연히 해야 하는 것이다. 삶은 원래 그런 거니까.

새삼스럽게 거론할 필요도 없는 문제이겠지만, 한국의 교육은 사유의 능력을 길러내는 백년지계는 아니다. 우리나라의 교육에는 상상과 해석의 가능성이 부재하다. 모범답안을 지정하는 권력 집단의 견해가 보다 중요하다. 하여

출제자의 의도를 파악하라는 말이 진리처럼 계승되고 있지 않던가. 이는 차라리 '효율성'의 경제 논리로 접근해 볼 문제이다. 그렇게 주입되는 지식들 중에 실제 삶의 현장으로 이어지는 효율의 지분이 얼마나 될까? 효율성을 중시하는 한국 사회가 교육에 있어서만큼은 여전히 비효율적인 방식을 고수하며, 에버그린의 에너지로부터 그 푸르디 푸른 열기를 앗아 간다.

국영수의 부담을 줄이겠다는 공약은, 아마 사범대생들에게부터 반발을 일으킬 것이다. 내가 경험한 바로는, 한국의 교육엔 지식의 소비자보다는 공급자의 입김이 더 많이 작용한다. 다른 과목이 치고 들어오면 또 다른 과목이 사라져야 하는 제로섬 게임은, 저마다 내거는 캐치프레이즈가 각 과목에 대한 당위성과 필요성을 피력하고 있을 뿐, 실제로는 밥그릇 싸움이다. 우리나라의 접근방식이 대개 이런 식이다. 본질보다는 조건의 지분이 더 많이 반영되는…. 아이러니는 대학 입시를 앞둔 청춘들만큼이나 교직을 희망하는 청춘들이 사활을 거는, 교육의 현장 또한 취업 시장의 영역이라는 점이다. 교사들부터가 이미 우리 사회가 견지하고 있는 구조의 한 표집이다.

요즘 신입사원들은 이미 완비가 된 상태에서 입사를 하는 느낌이라는 사장님의 소회, 한국은 이미 취업 시장의 구조도 아이돌 시스템이 되어 버린 듯하다. 어찌 될지 모르는 일이니, 일단 갖춰야 할 모범들은 죄다 갖추어야 한다. 서점가에서는 누누이 '스펙보단 열정'이란 말로 청춘들을 위로하지만, 선발의 주체가 한정된 면접시간 내에 그 열정의 온도를 무엇으로 잴 것이냐의 문제를 따져 본다면, 그 얼마나 공허한 위로인가 말이다. 명문대의 학력이 아닐지언정, 열정의 이력을 보여 줄 증거물들도 필요한 게 현실이다.

사장님께선 그 준비된 열정들의 노고를 대견해하면서도, 생각하는 능력에 대해서는 아쉬움을 토로한다. 사장님은 프로에 갓 데뷔한 신인 투수에 비유한다. 아마추어로서 공중의 이력을 쌓는 동안 너무 어깨를 혹사시켜 버린 듯한 피로도가 묻어난다고…. 나는 기업이 사회적 선발의 주체인 한, 또 취준생 입장에서는 좋으나 싫으나 기업이 원하는 기준에 맞추어 준비를 할 수밖에 없지 않겠냐고 되물었다.

사장님의 답변으로는, 입사 시험이 예전과는 많이 달라

졌단다. 인재들의 문제해결 능력에 많이 초점을 두고, 그런 입사의 척도를 고민하는 부서가 따로 있다고…. 하긴 일반회사의 입사를 준비해 본 경력이 없으니, 내가 잘 모르고 있었던 것일 수도 있겠다. 그렇다고 정형화된 취업준비보다는 독서를 많이 하라고 권고할 수 있는 문제도 아닐 것이다. 불안하니 남들이 하는 건 나도 해야겠고, 불안한 그 모두가 서로에게 '남들'이 되어 주면서, 결국엔 모두가 다 해야 하는 것이다. 삶은 원래 그런 거니까.

침묵의 기록

1

크리스토퍼 놀란의 영화 〈인셉션〉에서, 중층의 꿈속으로 들어가 미션을 수행하던 주인공들이 다시 현실로 넘어오기 위해 거쳐야 했던 행위는 죽음이었다. 그러니까 꿈속에서 죽음을 맞이하면 현실로 되돌아오는 것. 이는 얼핏 《장자》의 한 페이지를 떠올리게 한다. 꿈을 꾸고 있는 순간에 그것이 꿈인 줄 모르듯, 더 '큰 깸'이 있어서 깨고 난 뒤에야 이 삶이 한바탕 꿈이었음을 깨닫는 어느 순간이 다가올지도 모른다는…. 여기서 '큰 깸'이란 죽음을 의미한다. 사막에 불시착한 비행사가 만난 어린 왕자를 비행사의 분열증적 자아로 해석한다면, 결말에서 어린 왕자가 자신의 별로 다시 돌아가기 위한 방식으로 설정된 죽음도, 어떤 면에서 깸을 의미하는 듯하다.

『이대로 죽을 바에는 한번 제대로
살아 보자는 누구에게나 가능할 수 있지만,
실천으로의 각성은 내 곁에서 나를지켜보는
죽음과 눈이 마주쳤을 때나 가능하다.
내가 안정성으로 믿고 추구했던 가치들이
무너져 내리는 순간이기 때문이다.
무너졌기에, 무너진 너머에서 날 기다리고
있던 실재의 가치가 보이기 시작하는 것이다.
죽음이 지니는 삶의 가치, 그 역설이 지닌
생동의 힘은 당신이 고집스레 부여잡고 있는
신념을 초월한다.』

지젝의 페이지를 넘기다 보면 간간이 '실재의 사막'이라는 용어가 등장한다. 이는 영화 〈매트릭스〉의 해석에서 유래하는 것으로, 영화를 보신 분들은 기억하겠지만, 모피어스가 진실을 가린 가상에 대해 설명하고자 네오를 사막으로 인도하는 장면이 있다. 이는 지젝이 라캉의 정신분석을 설명하는 개념이기도 하다. 우리가 쫓는 가치들은 그저 사막의 신기루에 불과하다. 모든 환상을 걷어 낸 실재, 그 황량한 사막 앞에서 마주치게 되는 진실이 우리의 무의식 속에 자리한 근원적인 욕망이다. 그러나 실상 우리의 의식 속엔 무의식을 직접적으로 마주할 수 있는 방법론이 구비되어 있지 않다. 그나마 그 가까이 가닿을 수 있는 방법론이 꿈이다.

꿈속에선 그것이 꿈인 것을 모를 정도로, 꿈 자체가 이미 의식의 감각을 빌린 플랫폼이다. 그러나 결국엔 무의식이 건네는 시그널이기에, 의식 차원의 언어로 '해독'한다는 것도 불가능한 일이지만, 프로이트가 정리해 놓은 꿈의 '해석'은 정신분석에서 요긴하게 활용되는 매뉴얼이다. 프로이트에 따르면 정신질환자들이 겪는 환상은 본질적으로 꿈과 다르지 않다. 그들은 현실에서의 불안을 감당할 수 없어, 차라리 현실에서 꿈을 꾸고 있는 것이다. 생텍쥐페리가 실제 겪은 경험이기도 했던, 사막에서의 조난이라는 상황을 상기해 볼 필요가 있다. 사막에 추락한 비행사는 죽음의 위기에 직면해 있다. 이 순간에 사막 밖에서 견지해 왔던 욕망의 가치들이 무슨 의미가 있겠는가? 모든 것이 무의미해지는 그 무화(無化)의 불안 속으로 찾아든 어린 왕자는, 비행사의 분열증인 동시에, 무의식에 숨어 있던 근원적 욕망으로서의 꿈이기도 하다.

어린 왕자가 자신의 별로 되돌아가기 위한 방법으로써 설정된 죽음의 행위 역시, 비행사가 어린 시절의 꿈과 마주하고 있던 꿈속에서 깨어난다는 상징으로도 볼 수 있겠다. 공교롭게도 마침 이때 비행사는 비행기 수리를 끝낸다. 그리고 사막을 빠져나와, 자신에게 잊혀진 꿈이었던 그림을 덧붙여 가며 어린 왕자와의 일화를 기록한다. 꿈에서 깨어난 비행사는 어린 왕자를 만나기 이전의 삶에서도 깨어난 것이다. 그렇듯 깨어야 할 것은 꿈이 아니라 삶이다.

실존철학으로 잇대자면, 죽음으로 깨닫는 삶의 가치라는 역설의 메시지를 읽을 수 있다. 실존철학에서는 대개 절망과 불안 같은 부정적 정서로부터 희망을 추출한다. 부

정의 끝에 놓인 죽음 역시 삶의 동기로 해석된다. 흔히들 키에르케고르의 '절망'을 '죽음에 이르는 병'과 동격의 의미로 생각하지만, 조금 더 심도 있는 책들을 읽어 보면 생각이 달라질 것이다. 키에르케고르는 절망과 죽음을 꼭 부정적 의미로만 바라보지도 않는다. 절망은 우리에게 죽음이 그리 먼 곳에 있지 않다는 사실을 깨닫게 하는 각성의 순간이며, 우리는 그 죽음의 원근을 통해 '지금 여기'를 스치고 있는 순간들에 대한 가치를 재정립한다. 니체의 철학 역시 부정적 상황이 잉태하는 생의 힘을 간과하지 않는다. 비상의 시절엔 그 높이를 즐겨라. 그러나 추락의 시절에는 파멸과 퇴락, 어둠과 죽음이 지닌 깊이가 보일 것이다.

사막에 추락한 비행사가 느꼈을 죽음에 대한 불안, 어린 왕자는 그 불안 속으로 찾아든 삶에 관한 성찰이기도 하다. 이토록 갑작스럽게 찾아오는 허망한 죽음인 것을, 뭣하러 그리도 아등바등 살았을까? 그토록 해보고 싶은 걸 왜 그렇게 쉽게 포기했을까? 이대로 죽을 바에는 한번 제대로 살아 보자는 결의는 누구에게나 가능할 수 있지만, 실천으로의 각성은 내 곁에서 나를 지켜보는 죽음과 눈이 마주쳤을 때나 가능하다. 내가 안정성으로 믿고 추구했던 가치들이 무너져 내리는 순간이기 때문이다. 무너졌기에, 무너진 너머에서 날 기다리고 있던 실재의 가치가 보이기 시작하는 것이다. 죽음이 지니는 삶의 가치, 그 역설이 지닌 생동의 힘은 당신이 고집스레 부여잡고 있는 신념을 초월한다.

"

《어린 왕자》는 정신분석으로 해석하기에는 참 좋은 텍스트인 것 같아요. 어떤 해석도 가능한 상황들을 던져 주고 있잖아요. 그렇다고 생텍쥐페리가 정신분석을 공부했을 것 같진 않아요. 당대 지식인들이 고민했던 문제를 생텍쥐페리도 함께 고민했던 거겠죠.

"

정신분석이 하나의 학문적 코드로 발전하게 된 계기는 세계대전이다. 전쟁의 원인이었던 자본주의의 욕망을 정신분석으로 해석하고자 했던 철학자들이 많이 등장하는데, 대표적인 경우가 프랑크푸르트 학파이다. 마크르스의 경제학을 프로이트의 심리학으로 해석한 대중문화비평의 기점이기도 한…. 이즈음에는 이미 철학의 중심지가 독일에서 프랑스로 옮겨지고 있었다. 당연히 생텍쥐페리가 조국의 인문적 풍토로부터 받은 영향이 작진 않았을 것이다. 사장님 말씀에 덧붙이자면, 당시는 실존철학의 시대이기도 했다. 거기에 더해진 생텍쥐페리의 체험적 인문이, 이 동화의 해석을 풍요롭게 하는 원인인지도 모르겠다.

생텍쥐페리는 스스로를 '상징을 가꾸는 정원사'라고 표현했단다. 그러나 《어린 왕자》를 발표한 이듬해에 세상을 떠났기 때문에, 그 상징에 대한 해석들이 분분할 수밖에 없는 실정이다. 어쩌면 그래서 신화로 남아 버린 것인지도 모르겠다. 생텍쥐페리의 의도가 어떠했든 간에, 다소 애매해 보이기도 하는 상징성들이 추앙을 받는 이유는, 철학의 해석으로는 합이 딱딱 들어맞는 부분들이 있기 때문이다. 도리어 이 문학에 대한 문인들의 해석이 피상적이다. 생텍쥐페리가 그렇게도 경계했던 문학관이었건만…. 물론 철학자들의 해석도 추상적이라는 비난을 피해 갈 수 없겠지만….

생텍쥐페리의 평전을 몇 권 읽어 봐도, 그가 정신분석

『많이 읽히고 오래 읽힌다는 건

그만큼 열려 있는 작품이란

의미이기도 할 거예요.

그래서 시대마다 해석이 다르고,

세대마다 해석이 다른 것이기도

할 테고요.』

에 심취해 있었다는 기록은 보이지 않는다. 아마도 사막에 불시착했던 시기에, 생사의 갈림길에서 겪은 것들을 통해 스스로 깨우친 무의식이었던 것 같다. 아니면 생텍쥐페리의 개인적인 상상에 몰려드는 과잉의 해석들일지도 모르고…. 때문에 《어린 왕자》와 그 해석들에 관한 비판의 글들이 적지 않게 존재하는 게 사실이지만, 그들의 비판도 그렇게 명쾌하진 않다.

2

《어린 왕자》는 비행사가 유년 시절에 그렸다는 코끼리를 삼킨 보아뱀 그림으로부터 시작한다. 어린 왕자가 지구에 도착해서 가장 먼저 만난 타자(他者) 역시 뱀이었다. 결말에 가서 어린 왕자는 자신의 별로 돌아가기 위해, 그러니까 죽음을 위해 다시 뱀을 만난다. 뱀은 허물을 벗는 생태로 인해, 신화학에서는 부활과 재생의 상징성으로 받아들여진다. 생텍쥐페리가 그런 상징성을 염두에 둔 것인지야 알 수 없지만, 《어린 왕자》가 여러 인문적 방법론으로 해석하기에는 좋은 '애매함'들을 갖추고 있는 텍스트라는 사실을 방증하는 대표적인 사례일 것이다.

"

텍스트는 저자를 벗어나요. 저자가 의도하지 않았어도 숨어 있을 수가 있죠. 저자의 품을 떠난 순간 텍스트는 저자의 것이 아닌 거죠. 고전은 저자에게 의도를 물어볼 수도 없는 작품이잖아요? 좋은 작품들 중에는 해석의 여지가 다분한 것들이 많이 있죠. 그 여지가 매혹도인 것이기도 하고요. 영화도 졸작은 해석의 여지가 없을 정도로 선명하잖아요. 《어린 왕자》가 많이 읽히고 오래 읽힌다는 건 그만큼 열려 있는 작품이란 의미이기도 할 거예요. 그래서 시대마다 해석이 다르고, 세대마다 해석이 다른 것이기도 할 테고요.

"

현대의 문예비평 관점에서 텍스트는 '저자의 죽음'을 전제한다. 저자의 손을 떠난 텍스트는 온전히 독자의 것이다.

하여 감상과 평가도 그저 텍스트 그 자체만 놓고 이루어져야 한다. 만약 조영남이란 브랜드가 없었다면, 그가 그린 화투 그림이 그토록 고가에 거래될 수 있었을까? 그런 외적 조건을 배제한 채, 작품 그 자체로만 감정되어야 한다는 게 이른바 '해체'의 담론이다. 아니 '담론' 자체를 거부한다. 오로지 텍스트 자체와 독자의 해석이 있을 뿐이다.

이는 비평이 하나의 문학 장르로 자리 잡을 수 있었던 충분조건이기도 했다. 저자의 의도는 그다지 문제가 되지 않는다. 비평가 자신이 어찌 받아들였느냐가 보다 중요한 사안이다. 작품에 대한 비평가의 해석 또한 하나의 창작이라는 전제, 이로 인해 도리어 문학작품보다 더 유려한 문체를 욕망하는 비평이 난무하는 현실이기도 하다.

물론 텍스트가 독자들의 해석에 활짝 열려 있는 조건을 충족한다고 해서 그 모두가 명작일 수는 없으며, 저자의 프레임 안에서 즐길 수 있는 수작들도 많다. 이를테면 앞서 언급한 영화 〈메멘토〉 같은 경우는, 감독이 미리 지정해 놓은 역행의 서사를 거슬러 올라가는 것 이외에는, 별 해석의 여지도 없는 작품이지 않던가. 사장님께서도 열림 그 자체를 무조건 긍정하시는 건 아니다.

"

《도덕경》 같은 경우는 해석의 여지가 많이 열려 있는 작품이잖아요? 《주역》 같은 경우는 그야말로 벌판이죠. 그에 비해 '맹자'는 다소 닫혀 있는 경우이고, '한비자'는 더 닫혀 있고….

"

Ⅱ. 아이에서
어른으로

10억 광년의 신호

1

터키의 한 천문학자가 소행성 B612를 발견하고 이를 학계에 보고했지만, 끝내 사실로 인정받지 못했다. 생텍쥐페리는 당시 천문학자가 입고 있었던 터키의 전통 복식을 그이유로 들고 있다. 터키의 독재자가 터키 국민들에게 일괄적으로 서양식 의복을 강요한 이후, 천문학자는 양복을 입고서 다시 한 번 그 별의 좌표를 증명했고, 세계천문학회는 그제서야 그의 발견을 인정했다. 세계천문학회가 인정하지 않는다고 해서, 터키의 천문학자가 발견한 소행성이 존재하지 않는 것도 아니다. 그러나 권위로부터 인정을 받지 못한 사실은, 대중들에겐 사실로서 알려지지 않는다.

의식 있는 현대의 서구 지식인들은 유럽과 백인 중심의 지식 체계에 메스를 가하고자 했다. 생텍쥐페리의 동화 역시 그런 자성의 목소리를 담고 있는 텍스트 중 하나이다. 유럽의 입장에서 터키는 역사 내내 가까스로 유럽이었던 변방이다. 종교적으로는 기독교 질서 내에 들어와 있는 이슬람이다 보니, 그 이질적인 정신문화가 유럽의 질서와 궤를 함께하기란 여간 불편한 일이 아닐 수 없었다. 하여 유럽 중심적으로 조직된 체계의 요건을 비유럽에게 상징적으로 강요한 것이다.

맥락의 범주를 조금 더 넓혀 보자면, 권력적 지식에 관한 문제이기도 하다. 소설을 쓰는 모든 글쟁이들이 문인인 것은 아니다. 문단의 인정을 받은 이들만을 문인이라고 일컫는다. 그런 문체는 아직 철학이 아니다. 학계가 인정하는 문체로 쓰여진 것들만이 철학적 가치를 인정받을 수 있다. 예술 또한 업계의 인정 후에나 작품으로서의 가격을 획득할 수 있는 실정이다.

그런데 이런 권위는 권위를 행사하는 이들에게만 필요한 것이 아니다. 그 미술과 문학과 철학을 소비하는 대중들이 의지하고 있는 바로미터이기도 하다. 현대인들에겐 자신이 뭘 소비하고 있는지에 대해서 제대로 판단할 시간이 없다. 《어린 왕자》에서의 표현대로라면, '길들여질' 혹

『다수와 소수는 수의 차이가 아니라,

헤게모니를 쥐고 있느냐

그렇지 않느냐의 차이에요.

역설은 다수의 담론은 소수가 지향하는

이데올로기라는 사실이죠.』

은 '길들일' 만한 시간적 여유가 없기 때문에, 대리적 바로미터들로 판단을 대신하는 것이다. 고흐의 미술과 니체의 철학을 소비한다기보단, 권위가 보증하고 있는 고흐와 니체의 브랜드를 소비하는 경우가 일반적이다.

"

다수와 소수는 수의 차이가 아니라, 헤게모니를 쥐고 있느냐 그렇지 않느냐의 차이에요. 역설은 다수의 담론은 소수가 지향하는 이데올로기라는 사실이죠.

"

'헤게모니'란 단어를 처음 사용한 그람시의 정의는, 자진해서 따르지 않을 수 없게 하는 이데올로기이다. 다수와 소수를 결정하는 요소는 담론의 주도권을 누가 쥐고 있느냐이다. 실상 많고 적음에 관한 차이라기보다는, 있고 없음의 차이다. 우리나라에서 대기업은 '굴지(屈指)'라는 수식이 붙는 소수의 기득권이다. 그리고 다수가 그 소수에 좌지우지되는 현실. 역설적으로 다수의 담론이란 소수의 입장을 대변하는 이데올로기로서의 '다수'이다.

사장님 스스로가 소수의 기득권인 입장에서, 한국 기득권이 지닌 이런저런 문제점들을 지적하신다. 워낙 라캉을 좋아하는 성향이신지라 그 역시 라캉의 적용이었다. 라캉이 말하는 '타자의 담론'이란 결국 기득권의 담론에 다름 아니라는 것. 그리고 그 기득권의 담론을 비기득권이 옹호하고 나서는 아이러니. 이를테면 우리나라의 교육제도가 근본적으로 바뀌지 않는 이유가 그렇지 않던가. 기득권을 비판하면서도 기득권의 체제 자체는 부정하지 않는 이율배반은, 기득권으로의 진입을 열망하는 비기득권들이 고수하고 있는 것이기도 하다.

2

별자리는 실상 서로 엄청난 거리로 떨어져 있는 별들의 종적(縱的) 관계를, 인류의 경험적 정보로 조합하는 횡적(橫的) 해석이다. 그저 단순히 별들의 묶음을 인식하는 게 아니라 별자리의 조합으로 읽어 내는 이유는, 각 별마다

『개인은 저 스스로를
주체적으로 규정하지 못하고,
지배담론으로부터 부여받은 타자들
사이에서의 좌표로서 정의된다.
인생이란 '남들처럼', '남들보다'를 반복하며,
그 타자의 담론 안에서 아등바등하는
계급투쟁의 연대기이기도 하다.』

지니고 있는 고유의 좌표 때문이다. 별 하나가 다른 별들과 관계하는 배치의 기억, 즉 서로가 서로의 위치를 증명하며 함께 별자리로 참여하고 있는 것이다. 오리온자리의 베타별은 저 홀로 오리온 베타일 수가 없다. 오리온자리의 다른 별들의 좌표가 베타의 좌표의 필요조건이기도 한 것이다. 그런데 별자리의 좌표라는 것이 별들의 실제적 관계가 아닌, 별빛이 도달하는 지구의 입장을 투영한 평면도이다. 실상 그들은 서로 멀리 떨어져 있는, 아무런 연관성도 없는 별들이다.

예전에는 카시오페이아와 북두칠성의 중간 지점에 있는 별이 북극성이었는데, 요즘은 북두칠성의 마지막에 걸려 있는 별이 북극성이란다. 북극성의 지위도 지구의 입장 변화에 따라 수여가 되었다가 박탈이 되었다가 한다. 실상 지구의 필요에 의해서가 아니라면 북극성이란 이름을 지닐 이유도 없다. 그 별의 위치가 지구 입장에서나 북쪽이지, 그 별 자체가 북쪽의 속성을 지니고 있는 것은 아니니 말이다.

어린 왕자가 살았던 별을 지칭하는 B612는, 동화 속에서는 다소 부정적인 의미로 쓰인 호칭이다. 어른들에겐

그런 지정의 방식이 편하다. 그것을 지정함으로써 B613, B614가 손쉽게 규정될 수도 있다. 그로써 별들의 좌표는 지구의 관점으로 계열화가 된다. 지구의 견해에 따라 명왕성이 태양계의 안이었다가 밖이었다가 하는 것처럼….

존재들은 담론을 선점한 질서로부터 자신의 자리를 지정받는다. 또한 담론은 인식의 문제에까지 영향을 미친다. 문단의 의견에 따라, 학계의 관점에 따라, 시장의 트렌드에 따라, 범주의 안이냐 밖이냐가 결정된다. 개인은 저 스스로를 주체적으로 규정하지 못하고, 지배담론으로부터 부여받은 타자들 사이에서의 좌표로서 정의된다. 인생이란 '남들처럼', '남들보다'를 반복하며, 그 타자의 담론 안에서 아등바등하는 계급투쟁의 연대기이기도 하다. 사르트르의 말마따나, 마르크스의 철학은 언제나 현재진행형이라는….

저 별이 사자자리의 알파인지 전갈자리의 베타인지는 오로지 지구의 편의를 위한 네이밍일 뿐, 별이 지닌 실제적인 속성도 지위도 아니다. 저것에 대한 이것으로 규정되는 않는, 어떤 권력과 담론으로부터 나의 자리를 지정받는 삶이 아닌, 자신만의 철학으로 자신만의 스토리텔링을 써내려 가는 삶이야말로, 현대철학이 누누이 강조하는 주체적 자아가 살아가는 시간이다. 그러나 멋드러진 한 줄의 철학이 지향하는 이상처럼 살기만은 쉽지 않기에, 문화 권력의 한 표집이 되기를 갈망하는 것이기도 하다. 밤하늘에 떠 있는 수많은 별들 중에, 지구인의 눈에 띌 수 있는 별이 되기 위한 가장 쉬운 방법은, 지구의 담론으로 조합된 별자리의 브랜드에 참여하는 것이다. 사자자리의 알파로, 전갈자리의 베타로, 그리고 문단과 학계의 담론으로….

실상 그 별자리의 좌표를 획득하는 일이 쉽지 않아 고민인 우리 보통의 존재들이다. 그러나 어떤 노력으로도 허락되지 않는다면, 한 번쯤은 비범의 방향을 넘겨다볼 일이다. 저쪽이 당신에게 열린 하늘이기에, 그 어떤 간절함에도 이쪽이 열리지 않았던 것일 수도 있다. 소행성 B612에서 의자의 방향만 바꾸면 얼마든지 감상할 수 있었던 어린 왕자의 노을처럼, 생각보다 멀지 않은 곳에서 당신의 하늘이 기다리고 있는지도 모를 일이다.

별자리보다 눈에 띄는 별로 존재했던 이들은, 지배 담론을 거부하며 스스로를 증명했던 맑은 눈의 소유자들이었다. 아예 별자리의 존재기반을 밀어내며 등장했던, 밤의 문법으로부터 자유로웠던 시대의 태양들. 담론이 권고하는 대로, 한다고 했는데도, 산다고 살았는데도, 끝내 이도 저도 안 될 것 같을 바엔 차라리 한낮의 빛을 욕망해 보심도….

너의 나라

1

어린 왕자는 함께 살던 장미의 이기심과 허영심을 참지 못하고 자신의 별을 떠난다. 그 여정의 종착역이었던 지구에 오기 전까지 이런저런 어른들이 살고 있는 여러 별들을 들리게 된다. 첫 번째 별에서 만난 왕은 어린 왕자에게 다짜고짜 '명령'이란 걸 내린다. 헤겔의 변증법을 빌리자면, 왕은 자신이 왕이란 사실을 스스로 증명할 수 없다. 왕은 혈통으로 증명되는 것이 아니라 그의 권위를 인정하는 신하와 백성들로 증명되는 것이다. 명령이 성립하려면 동시에 복종이 있어야 한다. 그런데 이 별에는 명령을 내리는 왕 혼자만이 살고 있었다.

『소통이란,
소통의 결과 자신이 지니고 있던
경영에 대한 기본적인 가정이
무너질 수 있음을 아는 거예요.』

이전에는 리더십에 대한 이런저런 분류와 규정이
있었지만, 최근의 경영학에서는 리더십을 잘 정
의하지 않아요. 팔로워가 있으면 그 사람이 리더
인 거예요. 역설적으로 팔로워십으로만 리더가
정의되는 거죠. 주인과 노예의 역설 같은 경우라
고나 할까요? 어린 왕자가 첫 번째 별에서 만난
왕과의 일화도 그런 경우죠. 따르는 백성이 없으
면 왕이 존재할 수 없는 거잖아요.

 사장님께서 언급하신 '주인과 노예의 역설'은 헤겔의 표
상으로 거론되는 변증법의 사례이다. 노예는 차라리 종속
을 전제하기에 종속 내에서 최적화된 자기의지를 실현하
지만, 주인은 노예가 자신에게 복종한다는 조건에 한에서
만 주인일 수가 있다는 것. 주인됨의 조건을 노예가 쥐고
있는 형국이다. 주인은 노예를 소유하지만, 결국엔 노예에
게 소속되어 있는 것이기도 하다.
 왕은 자신을 왕으로 인정하는 타자들의 복종을 필요로

한다. 그 복종을 전제로 하는 '명령'이 행하여지는 것으로, 왕은 저 자신의 존재의미를 유지할 수 있다. 때문에 그 명령에 대한 저항을 달갑게 여길 리 없다. 같은 맥락에서 혼군(昏君)과 간신은 서로에게 기대어 있는 변증법이다. 왕은 애초부터 자신의 명령에 토를 달지 않을 만한 신하들을 곁에 둔다. 간신들의 입장에서도 혼군은 자신의 욕망을 관철시키기엔 손쉬운 상대이다.

"

어린 왕자가 만난 왕은 그나마 합리적인 면이 있어요. 백성들이 따를 수 없는 명령은 내리지 않죠. 그러나 또 굳이 명령이 필요 없는 일에도 자기 목소리를 내려고 하잖아요? 실상 어른들의 모습이기도 해요. 왜 모든 사안에 자기 목소리를 내고 싶어 하는 어른들이 있잖아요. 이런 성향이 조직의 리더를 맡게 되면, 부하직원들 입장에서는 자신이 지닌 권한과 책임의 범주가 불명확해져요. 자신들이 판단할 수 있는 일은 아무것도 없고, 모든 사안에 리더의 허락이 필요하다고 생각하게 되는 거죠.

"

　지시의 행위로 자기 존재감을 확인하려 드는 비근한 사례가, 유치하고도 졸렬한 권위주의적 강박이다. 조직생활을 하다 보면, 결재의 권한을 숭상하는 듯한 상사들을 마주하는 건 어려운 일도 아니다. 이건 이래서 안 되고 저건 저래서 안 된다. 그 반대의 이유가 일관되기라도 하면 모르겠는데, 분명 이전에는 이렇게 말하더니, 지금은 또 생각이 저렇게 바뀌어 있다. 조그만 일 하나라도 자신의 흔적을 남기는 것으로 존재감을 확인하고 싶어 한다. 이런 조직이 탄력적으로 운영될 리 만무하다. 어차피 판단은 윗선에서 하는 것이니 말이다.

"

　소통이란, 소통의 결과 자신이 지니고 있던 경영에 대한 기본적인 가정이 무너질 수 있음을 아는 거예요.

"

타인의 생각을 수용하기 위해서는, 스스로의 신념을 포기할 수 있는 유연함이 전제되어야 한다는 말씀이었다. 구조의 상층부가 생각하는 소통이란, 하부에게 무엇이 잘못되었는지를 지적하는 일방적이고도 계몽적인 성격이다. 사장님은 우리나라의 기업 풍토에서 도통 그 공고함이 무너지지 않는 이유를 언어의 속성에서 찾으신다.

한국어로 진행되는 회의와 영어로 진행되는 회의는 사뭇 분위기가 다르다고 한다. 단단한 밀도의 존비어(尊卑語) 체계를 갖춘 한국어는, 이미 발언의 지위가 동등하지 않다는 조건을 내포하고 있다. 말의 지위는 의견이 지닌 성숙도와 미숙도를 미리 지정한다. 부하직원들이 이런저런 아이디어를 건의해도, 상사의 '안 돼!' 한마디는 신의 말씀이나 다름없다. 걸핏하면 강림하는 그 하향적 '말씀' 앞에서 상향적 창의력을 발휘하고자 할 의욕이 생겨날 리 없다. 그냥 입 닥치고 그 말씀을 이행하며, 하향적 은혜나 받고 사는 게 속 편하다.

사장님께서는 임원들에게 누차 권고를 하고 있으신단다. 사장님 스스로도 항상 존댓말을 쓰고자 노력 중이시고…. 동등한 발언의 지위에서 다 함께 반말을 사용하자고

『글의 장르를 바꾸려면
먼저 문체를 바꾸어야 하는 문제와 같다.
생텍쥐페리의 표현을 빌리자면
문체는 기술의 문제가 아니라
관점의 문제이다.』

하면 어차피 아랫사람들이 더 부담스러워 할 테니, 그럴 바엔 다 같이 존댓말을 쓰자는 취지라고….

"

자꾸 반말을 하게 되면, 이게 언어의 문제로 끝나는 게 아니에요. 하이데거는 언어가 존재의 집이라고 표현하기도 했잖아요.

"

데리다가 분석한 성경 속의 예수님은 항상 수동태로 말씀을 하시는 존재다. '내가 널 구원했다'가 아니라, '당신은 구원되었다'이다. 즉 스스로를 구원의 주체로서 앞세우지 않는다. 이렇듯 언어는 소통의 도구 이전에 존재를 해명하는 도구이기도 하다.

"

오강남 교수님이 번역하신 도마복음이 있어요. 제목이 《또 다른 예수》인데, 거기서 그분이 말씀하시는 내용도 그런 거예요. 서른 살 언저리의 예

수님이 나이 많은 제자들에게 반말을 했겠냐 말
이죠. 그래서 다 존댓말로 번역을 해놓았어요. 우
리의 컨텍스트로 번역한다면 예수님은 존댓말을
쓰셨을 거예요. 공자님이 한국 사람이었다면 제
자들에게 반말을 하셨겠습니까?

"

2

언어와 소통의 문제에 관한 이야기를 나누다가, 이 연장
선에서 왜 우리 기업 현실에서는 구글 경영이 요원한 문
제인지에 대해서도 여쭤봤다. 사장님의 대답은 삼성과 애
플의 차이부터 짚어 보는 것이었다. 애플은 삼성처럼 수많
은 계열사를 거느리고 있지 않다. 즉 재벌식 경영이 아니
다. 우리가 애플물산과 애플중공업을 상상할 수 없듯, 애
플 자신도 굳이 그런 가능성을 점치지 않는다. 그들의 이
념은 꿈을 상품화하는 것이다. 반면 우리나라의 기업들은
상품을 꿈으로 쫓는다. 하여 소통 방식에 있어서의 관건은

아이에서 어른으로

자유로운 사고실험보다 신속하고도 명확한 체계이다.

"

응집력이 강한 회사라는 건, 숭고한 이념이 있는 회사예요. 페이스북과 구글은 오로지 돈벌이를 목적으로 창업한 회사가 아니에요. 아무리 장사가 된다 싶어도 애플이 반도체를 만드는 일은 없죠. 자신들이 하고 싶은 일이 아니기 때문이에요. 이런 회사는 직원들 모두가 공동체적 신념을 공유하죠. 그에 비해 구성원들이 응집력이 약한 회사는 이직률이 높아요. 연봉을 더 주는 곳이라면 얼마든지 옮길 의향이 있는 거죠. 우리나라 대기업들은 대개 응집력이 부족한 회사들이에요. 돈만 벌 수 있다면 건설이건 금융이건 확장을 감행하죠.

"

구글의 경영과 애플의 인문학 모델이 근근이 서점가를 먹여 살릴지언정 우리 현실에 직접적인 적용이 어려운 이유는, 우리 경제의 체질 개선이 전제되어야 하는 문제이기 때문이다. 글의 장르를 바꾸려면 먼저 문체를 바꾸어야 하는 문제와 같다. 생텍쥐페리의 표현을 빌리자면, 문체는 기술의 문제가 아니라 관점의 문제이다. 관점부터 바꾸어야 할 문제이다. 우리 사회가 안고 있는 문제 전반이 그렇지 않나?

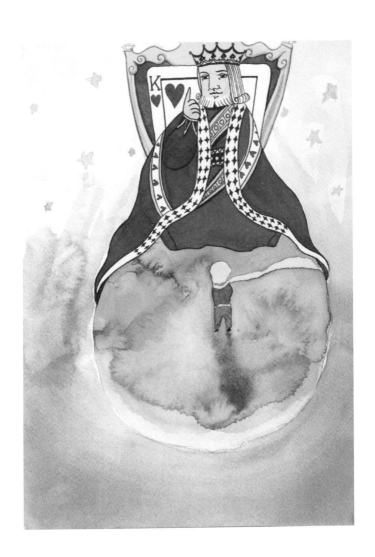

텅 빈 마음

1

　SNS에 게재된 사진들은 너도 나도 할 것 없이 모두 행복을 연출한다. 부단히도 타인의 시선을 의식하면서 중계하는 자신의 일상, 그러나 결코 일상이 아니란 사실을 너도 나도 알고 있다. 자신을 바라보는 시선들에 맞추어진 이상을 디스플레이한 결과일 뿐이다. 고독과 방황, 번뇌의 글귀들조차도 자신의 진솔한 속내보다는 타자의 시선을 감안한 수사로 써내려 간다. 나의 글이라고 뭐가 다를까? 라캉과 들뢰즈를 빌리지 않아도 얼마든지 설명할 수 있는 현상에 굳이 라캉과 들뢰즈의 어록을 빌리는 이유는, 그들의 인지도를 들어 쓰는 것으로 내 지평을 공증받기 위함이다. 철학은 이런 식으로 적정의 난이도를 유지한다.

　어린 왕자가 지구로 오기 전에 두 번째로 들렀던 별에서

『행복의 정의조차도,

자신이 행복하다고 믿는 상태가 아닌,

남들로 하여금 자신의 상황을

행복으로 믿게 만드는 것이다.』

만난 허영심을 지닌 어른 역시, 타자의 시선에 갇혀 살고 있었다. 하이데거의 말마따나, 나를 바라보는 것들이 나를 존재케 하는 것들이다. 오로지 타인들의 시선이 내 존재의 근거인 동시에 존재의 의미이다. 그로부터 우리는 스스로의 결핍을 발견해 낸다. 그것이 실제로 내가 지니고 있는 결여의 속성인지 아니면 상대적 박탈감인지는 상관없다. 당장에 내가 그렇게 느끼고 있다는 사실이 중요하다. 그 결핍으로부터 욕망이 생성된다. 그 욕망을 만족시킬 수 있는 조건 역시 타인이다. 타인의 인정, 세상의 공증. 더 잘 팔리고, 더 인기가 있는 것들. 우리에게 욕망의 정의는 그런 것이다. 행복의 정의조차도, 자신이 행복하다고 믿는 상태가 아닌, 남들로 하여금 자신의 상황을 행복으로 믿게 만드는 것이다.

"

삶의 지평을 연 사람들이 왜 동심을 많이 거론했을까요? 라캉 식으로 이야기하자면 아이는 완벽하게 욕망의 주체예요.

"

아이에서 어른으로

'나'라고 간주하고 있는 속성들은, 실상 내가 아닌 것들에 의해 학습된 관성일 때가 많다. 그것은 '나'가 아니라, 도리어 '나'의 본질을 가리고 있는 장애물들이다. 문제는 이 장애물들이 여간해선 자각되지 않는다는 사실이다. 성장의 어느 시기부터는 무의식조차 사회화되는 인간의 삶이기 때문이다. 그런 사회적 가치에 오염되지 않는 순수의 시간은 유년의 시절뿐이다.

소위 '메이커'에 눈을 뜨기 전까지의 우리는 저마다의 미학으로 사물을 관찰했다. 그러나 브랜드 가치를 깨닫고 난 이후에는 그 미학의 기준이 일괄적으로 변한다. 美(미)는 더 이상 개인적으로 느끼는 감흥이 아니라 사회적으로 학습된 효과이다. 철학은 항상 그런 굴레로부터의 자유를 외치며, 주체적인 삶을 살아가는 예술가적 자아에 대한 이론을 격정적으로 늘어놓지만, 정작 그 굴레에서 가장 자유롭지 못한 직업군이 예술가들이기도 하다. 여간해선 다양성이 확보되지 않는 우리나라가 유독 심한 경우란다. 권력적 지식과 시장 논리 사이를 방황하다가 둘 중 하나를 자신의 정체성으로 떠안는 구도, 실상 그것을 비판하는 철학조차도 별 다르지 않은 구성이다. 학계의 시선이든가, 업계의 시선이든

『자기애의 역설은

그 전제가 타인이라는 점이다.

나를 바라봐 주는 시선을 필요로 하는,

존재감의 공증에 대한 욕망이다.

자아실현이라는 것도 그 기준이

순수한 자아는 아니다.

경우에 따라서는 전적으로

타인에게 인정받을 수 있는 성과를

의미하기도 한다.

개인의 시선은 이미 어느 정도

타인의 시선에 오염되어 있는 형국이다.』

가이다.

2

   나르시스의 아름다운 용모에 마음을 빼앗긴 숱한 처녀들과 요정들이 그에게 구애를 하였으나, 외모만큼이나 유명했던 것은 누구의 마음도 받아 주지 않는 그의 도도함이었다. 숲의 요정인 에코도 나르시스를 추종하는 팬덤의 일원이었지만, 그녀에게는 고백조차 허락되지가 않았다. 제우스의 외도를 도왔다는 죄명으로, 헤라가 내린 벌을 받고 있는 중이었던 에코는, 귀로 들은 마지막 음절만 되풀이하는 것 이외엔 다른 말은 할 수 없었다. 용기 내어 다가간 나르시스 앞에서도 나르시스의 말만 되풀이할 뿐이었다.

   가뜩이나 곱상한 얼굴 하나 믿고 도도하게 살아가던 나르시스의 반응은, 거절도 아닌 그냥 무시였다. 상처를 안고 돌아선 에코는 실의에 빠져 점점 여위어 가다가, 결국엔 형체는 사라지고 목소리만이 숲에 남겨지게 된다. 나르시스에게 사랑을 거절당한 에코는 나르시스 역시 자신과 똑같은 사랑의 고통을 겪게 해달라고 기도했고, 복수의 여신 네메시스가 이를 들어주기로 한다. 헬리콘산으로 사냥을 나갔던 나르시스는 목이 말라 샘으로 다가갔다가, 물에 비친 자신의 아름다운 모습에 매혹되어 샘물에 빠져 죽는다. 그리고 그 자리에 피어난 꽃이 수선화라는….

프로이트는 신화나 설화를 채우는 상상력들이 도대체 어디서 비롯되었겠는가를 물었고, 본질적으로 꿈과 다르지 않다고 생각했다. 형태심리학자 프리츠 펄스에 따르면, 꿈에서 본 모든 것은 자기 자신에 대한 이야기이다. 이를 전제로 나르시스와 에코 그리고 물거울의 상징을 이해해 볼 필요가 있다. 자신이 생각하는 '나'의 이미지는 자신의 자애감을 울리며 들어오는 공허한 메아리인 경우가 많다. 그도 결국엔 타인의 시선에 자신이 어떻게 비치고 있을까를 상상하는 자신의 시선이다. 자기비하 역시, 타인에 근거한 자애감을 만족시키지 못하는 스스로에 대한 질책이다. 결국 타인에게 닿고 되돌아온 자애감의 메아리가 자애감을 좌절시키는 역설을 낳고 있는 것이다.

그림 형제의 원작에서는 이블 퀸이 의붓어머니가 아닌 친어머니로 등장한다. 아버지의 사랑을 독차지하다 못해

아이에서 어른으로

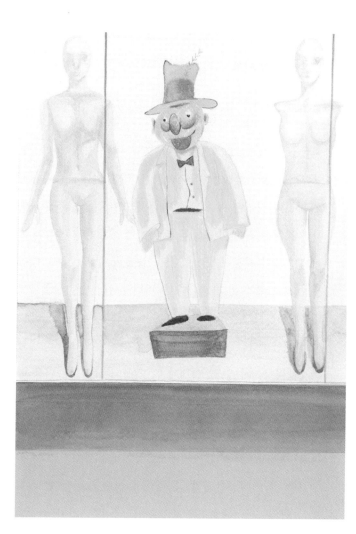

근친의 정까지 허락하면서 점점 막돼먹은 처녀로 자라나는 백설공주, 이 불량 왕족 소녀가 그녀에게 던진 생각 없는 한마디로 인해 우리가 익히 알고 있는 백설공주 스토리가 시작된다.

"남자에게 사랑도 받지 못하는 여자가 뭘 알겠어요?"

거울을 보는 이유는, 타인의 눈에 내가 어떻게 비치고 있는지가 궁금해서이다. 즉 거울은 타인의 시선을 매개하는 자신의 시선이다. 이블 퀸이 매일같이 거울을 마주하며 던진 질문은, 자신이 그토록 타인에게 사랑받을 자격이 없는가에 대한 질문이기도 했다. 거울에게 듣고 싶었던 대답은 언제나 이블 퀸 자신이다. 어머니로서의 모성애가 여자로서의 자괴감을 이겨 내지 못하는 순간부터, 거울의 대답은 백설공주였다.

자기애의 역설은 그 전제가 타인이라는 점이다. 나를 바라봐 주는 시선을 필요로 하는, 존재감의 공중에 대한 욕망이다. 자아실현이라는 것도 그 기준이 순수한 자아는 아니다. 경우에 따라서는 전적으로 타인에게 인정받을 수 있는 성과를 의미하기도 한다. 개인의 시선은 이미 어느 정도 타인의 시선에 오염되어 있는 형국이다. 하여 라캉의 표현대로 나의 욕망은 그토록 '타자의 욕망'인 것이며, 공중의 형식 자체를 욕망하는 집착으로 이어지기 십상이다. 나르시스의 물거울과 이블 퀸의 거울 같은…. 우리가 매일같이 나 자신의 모습을 업데이트하는 SNS가 결국은 이블 퀸의 거울과 같은 기능인 셈이다. 실상 우리는 매일같이 타인들에게 묻고 있는 것이다. 이 세상에서 누가 가장 예쁘냐고….

타인의 시선이 내게로 향하지 않을 때, 우리는 상실감을 느낀다. 그 시선이 나보다 훨씬 젊고 아름다운 백설공주를 향할 때는 더욱더…. 결핍이 채워지지 않을 시, 가장 손쉬운 충족은 이미 지니고 있는 것들의 의미를 팽창시키는 것이다. 미디어를 통해 자기 존재감을 확인하려 드는 과잉의 제스처들, 간간이 그로 인해 발생하는 사회문제들이 대표적인 증상이다. 결핍이 잉태한 과잉이라는 역설, 그렇듯 과대망상은 실상 좌절의 증상이다.

지금 미래가 시작되고 있다

1

어린 왕자가 묻는다.

"술은 왜 마셔요?"

술주정꾼이 대답한다.

"잊어버리려고 마시지."

어린 왕자는 다시 묻는다.

"무얼 잊어버리려고요?"

술주정꾼이 다시 대답한다.

"부끄러운 걸 잊어버리려고 그러지."

어린 왕자가 또 다시 묻는다.

"뭐가 부끄러운데요?"

　　　　　　　　　　아이에서 어른으로

술주정꾼이 또 다시 대답한다.

"술에 취해 사는 내 자신이 부끄럽단다."

개인적으로 《어린 왕자》에서 가장 인상적인 장면을 꼽으라 한다면, 세 번째 별에서 만난 술주정꾼과의 대화 부분이다. 공자 가라사대, '過而不改 是謂過矣(과이불개 시위과의)'. 잘못이 있는데도 고치지 않는 것, 이것을 일러 잘못이라고 한다. 술주정꾼은 스스로의 잘못을 알고 있으면서도 그 잘못을 오히려 이유로 들고 있다. 언제고 술을 마시게 된 최초의 원인이 있었을 것이다. 그러나 어느 순간부터 최초의 원인은 잊혀지고 음주의 행위가 원인인 동시에 결과로 순환한다. 굴복에 대한 부끄러움이 있으면서도, 다시 굴복을 잇대는 방식으로 극복하는 아이러니.

키에르케고르의 철학에서 '아이러니'라는 키워드는 욕망과 윤리 사이에서의 정신승리법이다. 자신도 그것이 싫지만 그것을 할 수밖에 없다는 변명으로 일관하는…. 키에르케고르의 어록을 그대로 들어 쓰자면, '진리가 자신에게 감화를 주지 못하도록 발버둥을 치며 내면의 불안을 극복하는' 성향이다.

막장 드라마 작가들의 딜레마와 같은 경우라고나 할까? 작가의 타이틀을 지니고서 막장이나 쓰고 싶은 이들이 어디 있겠는가? 그 엇나간 판타지의 시작은 지극히 현실적인 이유에서였을 것이다. 그러나 어느 순간부터 막장이 저 자신의 정체성으로 고착화된 현실, 막장이 아니면 방송국에서 자신을 쓸 이유가 없다. 작가 자신도 막장이라는 비아냥이 달가울 리 없지만, 이제 자신의 포지션은 그것 이외에는 아무것도 할 수 없는 작가이다. 그런 자괴감의 반동은 보란 듯 더 자극적인 막장으로 비아냥을 돌파한다. 과거의 언젠가에는 저 자신에게서 일종의 오류였던 현상들로, 이젠 도리어 저 자신의 역량을 증명하는 아이러니.

현실적인 이유를 들어 상업성과 결탁했던 예술가들이 다시 원형질의 충동으로 돌아오지 못하는 이유이기도 하다. 그저 하고 싶은 것을 하기 위한 수단으로써 택한 차선이었을 뿐인데, 그로부터 소비의 수준이 결정된다. 과소비까지는 아니더라도, 소비의 능력을 갖춘 덕에 현실적인 문제들이 해결되면서, 어떤 식으로든 그 소비의 수준을 유지해야 할 필요성이 생겨 버리는 것이다. 지금의 작품 활동이 썩 내키지는 않지만, 이전의 궁핍한 생활로 돌아가고

『행복하고자 괴로움을 감내하는 삶,
이것이 '피로사회'의 원인으로 지적되기도
하고요. 행복은 무한히 연기되고, 또 그걸
쫓기 위해 더욱 열심히 돈을 버는 반복.
행복의 가치는 결국 영원히 실현될 수
없는 곳까지 밀려나는 거죠.』

싶지도 않다.

그런 식으로나마 예술 활동의 연명이 가능한 경우도 한정되어 있다. 아예 포기를 하고 다른 길로 돌아선 것보다야 나은 선택일 수도 있지 않던가. 그러나 언제나 본질로부터는 일정한 거리로 물러나 관망만 하고 있는 결핍감, 그 공백을 메우는 방편은 순수의 열망 대신에 택한 현실적 가치들을 긍정하는 것이다.

"

술주정꾼의 경우가 아니더라도, 우리의 삶이 근본적으로 이렇다고 생각합니다. 행복의 수단으로써 돈을 벌지만, 어느 순간부터는 돈 그 자체를 욕망하게 되잖아요. 그런데 돈 버는 일 자체는 괴롭죠. 행복하고자 괴로움을 감내하는 삶, 이것이 '피로사회'의 원인으로 지적되기도 하고요. 행복은 무한히 연기되고, 또 그걸 쫓기 위해 더욱 열심히 돈을 버는 반복. 행복의 가치는 결국 영원히 실현될 수 없는 곳까지 밀려나는 거죠.

'~되는 것', 이런 명사형으로 지정된 목표에 도달

하기 위해 사는 삶은 그렇게 허망해요. 제가 경험한 바로는 목적지에 다다라서 느끼는 기쁨은 잠깐이에요. 승진하면 한 달 좋고, 집 사면 두 달 좋고, 뭐 그냥 그런 거죠. 이미 진리의 자리로 지정된 가치들을 쟁취하는 것이 아닌, 자기 스스로 새로운 진리를 만들어 가는 과정으로서의 삶만이 의미가 있는 거죠. 그런데 그런 삶을 살 수 있는 조건들이 일반적이지 않은 것도 현실이잖아요.

때문에 우리는 삶을 무한히 지연시키죠. 행복으로 설정한 지점이 다가오면 안 돼요. 어차피 그곳에 당도해도 생각했던 것만큼 즐겁지는 않을 테니까요. 그 허무를 견딜 수 없는 거죠. 오늘 내가 괴로운 이유는 내일의 즐거움을 위해서라는 명분으로 한없이 미뤄 두지만, 실상 그런 미래는 현재로 다가오지 않아요. 그러나 또한 그런 기대라도 갖지 않으면 당장을 견뎌 내기 힘든 거죠. 나중에 해야지, 언젠가 해야지 하면서, 나중에 언젠가 할 게 많다는 생각으로 지금을 견뎌 내는 거예요.

"

하여 보들레르는 시간의 노예가 되지 않으려면 차라리 취해 있으라 했던가. 술이든, 시이든, 사랑이든…. 김정운 교수가 말하는 '노는 만큼'의 취지도 결국엔 이 현실적인 딜레마를 지적하고 있는 것이다. 행복을 위해 달려가지만, 막상 스스로 지정한 행복의 지점에 도착해 보면, 그 행복을 즐길 줄 아는 방법론을 잘 모르고 있는 상태이다. 물론 열심히 살다 보니 그도 사치였다고 회상한다면야 할 말은 없다만, 어쨌거나 그 방법론을 체득할 기회가 없었던 것이다. 그토록 추구했던 행복의 조건이 마련되어도 행복이 그 기능을 다 하지 못한다. 그런 건 자신이 그려 왔던 행복이 아니다. 행복은 다시 한 번 뒤로 밀리고, 다시 그 연기된 행복을 쟁취하기 위해, 여전히 행복하지 않은 일상을 열심히 살아간다.

2

지평선은 언제나 '저기'에 있다. 그것이 '여기'가 되는 순간, 지평선으로 존재할 수 없다. 그리고 저 너머의 또 다른 '저기'가 지평선이 되고 만다. 그것은 항상 '저기'에만 존재하는 속성이라는 사실을 모르고서, 우리는 항상 '저기'를 향해 '여기'를 달려간다. 결코 닿을 수 없는 '저기'를 향하여 달려간다는 믿음으로, 결국 '여기'에 놓인 런닝 머신 위에서 수고로울 뿐이다.

우리는 부단히도 '언젠가 저기'에 있는 이상을 설정하며 살아간다. 나중에는, 그때 가서는 어떻게라도 할 것이라며, '언젠가 저기'를 늘 자신의 미래로 소개하면서도 그곳에서 항상 일정한 거리로 떨어져 있는 '언제나 여기'에 머무른다. 한 발자국 다가서면 한 발자국 밀려나는, '언제나 저기'에 존재하는 무지개처럼, 그저 일정한 원근을 유지하며 함께 흘러갈 뿐이다.

미적분 개념을 철학으로 해석하자면, 순간의 대푯값으로 예측하는 전체의 속성이라 할 수 있다. 그리고 이것이 사주팔자라는 인생방정식의 원리이기도 하다. 인생의 어느 순간에서나 방정식은 같고, 미지수의 자리에 기입하는 값 역시 늘 일정하다. '지금 여기'에서 견지하고 있는 삶의 태도가, 언제 어디에서도 당신이 살아가고 있을 삶의 모습이다.

『우리는 삶을 무한히 지연시키죠.

행복으로 설정한 지점이 다가오면

안 돼요. 어차피 그곳에 당도해도

생각했던 것만큼

즐겁지는 않을테니까요.

그 허무를 견딜 수 없는 거죠.』

니체의 비유를 들어 쓰자면, 병이란 대개 잘못된 습관이 반영된 결과이다. 우리가 지닌 병통은 우리가 살아가고 있는 삶의 모습으로 그 증상이 드러나기 마련이다. 병이 나으려면 삶의 방식을 바꾸어야 한다. 당신이 말하는 '언젠가 저기'에 닿기 위해선 '지금 여기'에 스치고 있는 순간을 대하는 방정식을 바꾸어야 한다. 하여 언젠가 시작할 일이 아니라, 언젠가부터 이미 시작되고 있었어야 할 일이다.

참을 수 없는 존재의 시시함

1

제국주의 간의 충돌은 정치적으로는 식민지 쟁탈전의 양상을 띠었지만, 그 속내를 들여다보면 본질적인 원인은 시장에 있었다. 자본주의에 대한 마르크스의 지적 중 하나가, 생산은 사회적인데 소유는 사적이라는 점이다. 더군다나 왕정의 시대에서 시민의 시대로 넘어가는 과도기에 노동자를 위한 보호 장치가 마련되어 있었을 리도 만무하다. 그전까지는 하인들을 부리던 일에 임금을 주면서까지 고용하는 변화만으로도, 부르주아들에겐 배짱을 부릴 수 있는 명분이었다.

고전 경제학에서는 생산에 초점이 맞춰진다. 하여 원가를 낮추기 위해서는 임금을 줄이거나 노동시간을 늘려야 한다는 결론이 도출된다. 그러나 자본가들은 대개 임금을

『어린 왕자의 눈에 비친 어른들은 숫자를
좋아하는 존재들이다. 수로 환원된 수식이
아니면 도통 이해를 하지 못한다.
어린 왕자의 논법을 빌리자면,
가령 '장밋빛 넝쿨 우거진' 식의 수식으로는
그 집의 전경을 어른들에게
제대로 이해시킬 수 없다.
어른들에겐 차라리 역세권에 자리한
20억의 시세가 풍광의 부감도이다.』

줄이면서 노동시간을 늘리길 원한다. 문제는 노동자들이 곧 소비자란 사실이다. 노동자들에게 소비생활을 영위할 수 있는 돈과 시간이 주어지지 않는데, 시장에 나온 물건이 팔릴 리도 없지 않은가. 이 지점에서 발생한 경제학이 케인즈의 유효수요 이론이다.

그러나 경제학을 외면한 자본가들의 경영학은 새로운 해외시장으로 눈을 돌린다. 그 결과가 이미 원주민들이 살고 있던 땅을 '개척'하는 것이었다. 더 이상 마땅히 개척할 땅이 없자, 열강들 사이에서 갈등이 불거지기 시작한다. 더군다나 가진 게 별로 없는 후발 주자들의 입장에선 차라리 이 '블루 마블'의 판을 엎는 게 상책이었다.

어린 왕자가 네 번째로 들른 별에서 만난, 별을 세는 사업가는 그 시대의 자본가를 상징하는 듯하다. 자신이 세는 별에 누가 살고 있는지는 개의치 않는다. 이 자본가의 상식에서는, 자신이 발견했으니 그냥 자신의 소유인 것이다. 그러나 별 자체가 필요한 것도 아니다. 그 별이 창출해 낼 수 있는 수익이 필요하다. 자본의 시대를 살아가는 자화상들에게 절실한 철학은 마르크스보다는 칸트인지도 모르겠다. 우리는 그 자체를 목적으로 대하지 않는다. 그것으로 인해 발생할 수 있는 수익이 무엇인지부터 고심한다.

생텍쥐페리의 상징 중 가장 애매한 부분은 아마도 어린 왕자가 별을 세는 사업가를 버섯에 빗댄 장면일 것이다. 프랑스에서는 예로부터 버섯을 말똥 속에서 재배했던 터, 이는 곧 더러움을 상징하는 것이라는 해석이 있다. 혹은 습하고 어두운 곳에서 자라나는 부도덕을 상징하는 것이라는 해석도 있다. 프로이트가 비판을 받는 천착이긴 하지만, 성(性)의 담론으로 버섯을 해석하는 논문도 제법 있다. '남근기(男根期)'의 문법을 따라 보자면, 버섯은 남자의 성기를 상징하고, 사업가가 계산에만 몰두하는 이유는 일종의 '거세 불안'이다. 쉽게 말해 어른들에게 돈의 가치는 자존감을 대변하는 권위이다. 그것이 사라질까 봐 불안인 것이다.

어린 왕자의 눈에 비친 어른들은 숫자를 좋아하는 존재들이다. 수로 환원된 수식이 아니면 도통 이해를 하지 못한다. 어린 왕자의 논법을 빌리자면, 가령 '장밋빛 넝쿨 우거진' 식의 수식으로는 그 집의 전경을 어른들에게 제대로 이해시킬 수 없다. 어른들에겐 차라리 역세권에 자리한 20억의 시세가 풍광의 부감도이다.

"

욕망의 대상이 동일화된다는 점이 문제입니다. 동일한 것들에게는 우열을 가르는 척도가 들러붙기 마련이고, 그 결과 우리는 화폐로 환원된 가치들을 서로서로 비교하며 살아가죠. 어린이의 셈법으로 돌아간다는 것은, 우리의 삶을 비교 불가능성의 세계로 회복한다는 의미겠죠.

"

바디우는 현대 사회의 근간요소를 '수'로 규정한다. 피타고라스의 시대가 다시 도래한 것이다. 수치로 환산될 수 있는 바로미터들이 가치판단의 기준이다. 일류 대학의 스펙이 곧 신뢰도이다. '좋아요'의 기호가 이미 이 시대의 통용화폐이다. 명품의 기준은 명품에 걸맞은 퀄리티가 아니다. 일반인들이 쉽게 구매할 수 없을 정도로 일단 비싸야된다. 시청률을 위해서라면 악마의 편집도 악마가 감당해야 할 몫으로 남겨 두면 그만이다. 어떤 편법으로라도 세계에서 몇 번째로 높다는 초고층 빌딩은 지어져야 한다. 그것이 인근 주민들의 집값을 올려 주는 '국격'이기 때문이다.

문제는 이런 수의 시대가 획일화를 강권한다는 점이다. 그 모두가 소위 '먹힐 만한' 것들에만 몰리다 보니 자신만의 스토리텔링이 사라진다. '먹힐 만한' 영역의 경쟁률만 점점 높아진다. 그 경쟁에서 밀려나고 뒤쳐지는 절망들이 넘쳐 나지만, 여간해선 자신의 고유성을 돌아보지 못한다. 이미 무의식조차 사회가 욕망하는 상징체계만을 바라보기 때문에, 그 좁은 스펙트럼 안에서 빚어지는 병목현상을 다시 겪을 뿐이다.

사장님은 더불어 '자리로서의 삶'을 지적하신다. 주체가 저 스스로를 증명할 수 있는 마땅한 방법을 찾지 못하기에, 그 대리만족의 수단으로써 지위의 상징성을 욕망하는 것이 아니겠냐고…. 우리 사회는 장래 희망란에 기입하는 꿈조차도 쏠림의 현상을 겪는다. 꿈의 가치는 화폐 단위로 환산된, 결국엔 돈을 잘 벌 수 있는 직업이다. 꿈조차도 효율성의 담론 위를 표류하다가 자본이 지정한 부표에 안착하는, 목 좋은 자리로서의 가치이다.

욕망은 이미 주체적이지 않다. 나를 둘러싸고 있는 타자들의 배치를 따져 가며 자신의 좌표를 물색한다. 하물며

『어떤 의미에서

남들과 다르지 않은 삶을

욕망하는 이유는 매혹의 대상을

찾지 못했기 때문일 거예요.』

그 담론을 설하고 있는 철학조차도 그러하다. 물론 진리의 탐구라는 순수한 목적으로 그 어려운 철학책과 씨름을 하는 이들도 있겠지만, 남들로부터 지성미를 공증 받고자 늘어놓는 지적 허세인 경우들도 결코 드물지 않다.

어떻게든 팔릴 것을 고민하며 써내려 가는 나의 글이라고 뭐 다르겠는가? 나의 생각보다는 니체의 한 줄이 독자들에게 신뢰도를 피력할 수 있는 브랜드 파워이다. 하여내 스스로에게 질문을 던지고 대답을 고민해 본 사안에도, 그 비슷한 생각들이 적혀 있는 철학의 페이지들을 뒤적거리며, '들뢰즈가 이르길', '라캉이 말하길'의 부연을 포기하지 못한다. 삶에 대한 성찰조차, 그가 어떤 삶을 겪었는가의 문제와 별개로, 더 잘 팔리는 브랜드가 곧 신뢰도이다.

2

"

개개인이 욕망의 주체가 될 수 있어야, 그 사회에도 욕망의 다양성이 보장될 수 있는 일 아니겠어

아이에서 어른으로

요? 여기에 제일 가까운 경우들이 예술에 종사하시는 분들 같아요. 죽었다 깨어나도 그걸 해야 하는 분들 있잖아요? 돈 못 벌어도…. 그분들이야말로 정말 자기 욕망에 충실한 거죠.

"

그림과 관련해 출판사 쪽에서 요구한 추가 작업을 진행하느라, 이 원고의 일정이 더 늦어졌다. 추가 작업 중 윤영선 작가님이 카톡으로 보내온 그림 한 장은 살바도르 달리의 〈잠〉이란 작품을 패러디한 것이었다. 무의식에까지 침투한 자본주의를 바오밥나무의 상징성으로 해석한 페이지에 삽입된 그림인데, 인터뷰 내내 함께한 작가님이 듣고 있던 이야기가 정신분석에 관한 철학들이다 보니, 자연스럽게 달리의 몽환적 이미지가 떠올랐나 보다.

우리의 일상은 이미 자본이 만들어 낸 환상에 오염되어 있는 형국이다. 자본이 만들어 내는 환영들이 즐비한 도시이지만, 자본의 시대를 살아가는 현대인들에겐 그 환영들이 무료한 현실을 위로하는 방편이기도 하다. 그래서 우리는 명품이 가져다주는 위계의 차이를 즐기며, 자신의

도시적인 라이프스타일을 증명할 수 있는 순간들을 SNS에 업데이트한다. 그러나 환영들로 지어 올린 환상일지언정, 결국엔 자신을 디자인하고자 하는 미적 욕망이기도 한 것이다.

정신분석의 결론은, 사회의 자본적 가치가 아닌 개인의 순수한 열망으로 추구하는 환상이 예술이라는 것이다. 기본적인 욕구 정도는 해소하고자 자본의 시장 시스템을 빌릴지언정, 미적 욕망 자체는 자본으로부터 기인하는 것이 아니다. 이것이 현대철학이 추구하는 '예술가적 자아'까지 이어지는 주제로, 타자의 욕망이 아닌 순수한 자신의 것으로 끌리는 열정에 관한 이야기이다.

"   `

라캉은 美(미)가 善(선)보다 멀리 간다고 말했죠. 선한 일을 하려고 하면 금방 지치지만. 아름다움에 매혹당하면 계속한다는 거예요. 산에 매혹당한 사람은 산이 거기 있기에 올라야 하는 거잖아요? 사람과의 관계도 마찬가지죠. 플라톤은 소크라테스에게 매혹당해 평생을 간 거고, 니체는 쇼펜하우어에게 매혹을 당한 경우이고, 그리스도와 석가모니를 따랐던 제자들이 그런 경우죠. 어떤 의미에서 남들과 다르지 않은 삶을 욕망하는 이 유는 매혹의 대상을 찾지 못했기 때문일 거예요.

"

칸트는 美(미)를 목적 없는 합목적성이라고 표현한다. 왜 끌리고 있는지에 대한 이유를 합리적으로 설명할 길은 없는데, 한없이 끌려가고 있다는 사실 하나가 분명한 감흥. 그걸 굳이 언어로 설명하고 있는 이 몇 줄도 오류일지 모른다. 정신분석은 이런 끌림의 가치를 우리가 잃어버리고 잊어버리고 사는 순수의 열망에서 찾은 경우이다.《어린 왕자》는 그 순수의 열망에 가까운 심리상태가 바로 동심이라는 이야기를 하고 있는 것이다.

3

한나 아렌트는 일의 개념을 노동(Labor)과 작업(Work)의 단어로 구분 지어 설명한다. 노동은 그저 생필품을 사기 위해 지속하고 있는 일로서, 일 자체보다는 부의 축적이 목적이다. 작업이란 일 그 자체를 목적으로 하는, 지속해서 개선되어 가는 무엇으로써 희열을 느끼는, 자아실현에 가까운 개념이라 하겠다. 하지만 대부분의 사람들이 노동과 작업을 동일시하고 있으며, 현대 사회는 작업이 노동화가 되어 가고 있다는 아렌트의 부연.

어려서부터 우리가 꿈이라고 말했던 것들은, 대개 자신의 재능과 열정보다는 금전적 가치로 환산된 것들이다. 즉 작업이 아닌 노동의 범주로 들어서고자 하는 노력이다. 자아실현 끝에 도리어 자아가 없는 허무함을 발견하고 나서야, 내가 하고 싶었던 일은 이런 것이 아니었다며 다시 꿈을 운운하지만, 지금까지 견지해 온 꿈의 정의부터 재정립을 해야 할 판이다.

아무리 좋아하는 일이라도 그것을 노동으로 느끼는 순간, 만족도는 현저히 떨어지기 마련이다. 돈 잘 버는 직업을 자신이 좋아하는 일이라고 믿고 달려온 길에, 만족도를 기대했던 것 자체가 잘못이다. 하지만 과감히 떠나지도 못한다. 월급으로 누렸던 소비 수준에 익숙해진 생활체계를 포기하고 싶지도 않기 때문이다. 사막의 오아시스와도 같은 딜레마이다. 당장의 갈증을 해소할 수 있지만, 이후 다시 다가올 갈증이 막막하기만 한 조난자에게, 이제 벗어날 수 없는 것은 사막 이전에 오아시스이다.

푸코는 예술가적 삶이야말로 진정한 자유의 실천이라고 말한다. 삶은 예술이어야 하고, 삶을 주체적으로 창조하는 예술가적 자아를 키워야 한다는 것. 시장의 요구로부터의 자유, 노동시장으로 적응할 필요로부터의 자유, 타인에 대한 의존으로부터의 자유가 허락될 때, 비로소 삶의 의미를 찾을 수 있는 거라고…. 실상 누군들 이런 삶을 욕망하고 싶지 않겠는가? 하지만 먹고살기에도 바쁘고 힘든 세상, 어디 말처럼 쉬운 일이겠는가? 하지만 대답을 준비해야 할 반문, 그럼 예술가의 길이 그리 쉬운 줄 알았는가? 분명 쉽지 않은 일이다. 그러나 자신이 견지하고 있는 삶의 결에 대해 한 번쯤 진지한 고민을 해보는 것만으로도, 거기서부터 다시 쓰여지기 시작하는 이야기들이 분명 있을 것이다.

기다린 날도 지워질 날도

1

"금요일이니까 퇴근할 수 있는 사람은 퇴근해요."

불타는 금요일, 부장님께서 부하직원들에게 저녁이 있는 삶을 허하신다. 한 부하직원이 너무 들뜬 나머지, 굳이 하지 않아도 될 질문을 부장님께 던지고야 만다.

"부장님은 금요일인데 뭐 하실 거예요?"

돌아온 부장님의 대답은, 저녁이 있는 삶 따윈 진즉에 포기해 버린 과잉의 성실함이었다.

"난 야근해야지, 뭐!"

퇴근 준비를 하던 모든 직원들은, 홍삼 1포의 위로와 함께 다시 근무 모드로 돌아간다.

이 광고에 대한 사장님의 감응은 어떠하실까?

> 좋아질 겁니다. 쉽지 않은 문제지만, 바꾸어 나가
> 야죠. 기업들도 점점 창의적인 업무 방식을 지향
> 하는 추세라, 앞으로는 분위기가 많이 바뀌게 될
> 거예요.

철학을 즐겨 읽는 기업인에게도 명확한 대안을 제시할
수 있는 문제는 아닌 듯했다. 이는 어린 왕자가 다섯 번째
로 찾아간 별에서 만난 가로등지기와 관련해 여쭤본 질문
이었다. 가로등지기에겐 오직 가로등을 켜고 끄는 일이 소
임이다. 그런데 그 별의 자전속도가 점점 빨라져서, 현재
는 하루의 길이가 딱 1분이다. 1분마다 가로등을 켜고 끄
느냐, 가로등지기는 도통 쉴 수가 없다. 어린 왕자와의 대
화 도중에도 계속해서 가로등을 켜고 끄는 중이다.

보드리야르가 지적하는 글로벌 사회의 가속화 문제는,
점점 빨라지는 사회의 리듬을 따라잡지 못하는 개인의 시
간이다. 보드리야르는 이 현상을 자전과 중력에 빗댄다.
너무 빠른 자전 주기 때문에 한 공간이 지니고 있어야 하

144

는 적소의 중력이 대지의 속도를 따라잡지 못한다. 그 결과 중력에 묶여 있어야 할 것들이 중력권 밖으로 이탈한다. 이 비유를 다시 해석하자면, 개인이 지녀야 할 삶의 의미들은 개인의 가치관 밖으로 이탈하고, 바쁘게 돌아가는 사회의 시간이 가하는 원심력에 지배를 받게 된다는 것이다. 가속화에 뒤처지지 않기 위해서라도, 그 속도에 맞춘 근면함이 계발되어야 한다. 이것이 산업화가 인류에게 가하는 훈육이다. 휴식조차도 다시 노동을 준비하기 위한 피로회복의 시간이다.

《피로사회》의 저자 한병철 교수가 해석하는 프로메테우스 신화는 간(肝)에 포커스가 맞추어져 있다. 구미호는 왜 그토록 인간의 간을 탐하는 것일까? 실상 맹수들은 사냥감의 내장부터 먹는단다. 맛이 있어서 먼저 먹는 맹수의 습성에 음양오행의 지식을 투영한 경우라고 할까? 프로메테우스 신화 내에서의 역할도, 간이 지닌 회복의 기능이 생리학적으로 해명되어진 이후에 첨가된 상징성이다. 사슬에 묶여 자유롭지 못한 프로메테우스는, 착취당하는 자아이다. 독수리는 매일같이 날아와 프로메테우스의 간을 쪼아 먹고, 간은 매일같이 회복된다. 한병철 교수의 해석

『각자가 지니는 고유의 스토리텔링이

사라지는 시대엔,

바쁘면서 모자란 시간도

대량생산으로 복제가 된다.

나와 너, 우리와 너희 할 것 없이

모두가 바쁘다.』

으로는 독수리가 바로 착취하는 자아이다. 자본사회에 속박되어, 계발과 성장의 강박으로 스스로를 매일같이 고무시키면서 결국엔 스스로를 소진시키는 부조리 속에 간은 파괴와 회복을 반복한다.

OECD 상위에 랭크되는 노동시간을 우루사의 판매량으로 증명하고, 스트레스를 술로밖에 풀지 못하는 나라. 모든 게 간 때문이다. 그 음주강국에서 숙취해소음료 시장이 이렇듯 활황이라는, 인과인지 역설인지 모르겠는, 여하튼 부조리. 그러나 또 누군가는 비틀거리는 취객들 사이에서 삶의 희망을 지피고, 오늘도 새벽까지 꺼지지 않는 거리의 불빛들. 프로메테우스가 인류에게 훔쳐다 준 불로 인해 문명이 시작되지만, 역설적으로 인류는 철야의 굴레를 짊어지게 된다. 어두운 거리를 환히 밝히는 빛의 풍요, 도시의 야경이 국격을 대변하기도 하는 시절에, 그 도시의 풍광을 가능케 하는 원동력은 밤을 밝히며 잇대는 노동이기도 하다.

사장님께서 입사한 80년대만 해도 성장일로를 걷고 있던 한국의 경제였지만, 이렇게까지 피로사회는 아니었단다. 사장님께서 신입사원이던 시절, 당신이 기억하는 상무님의 모습은 손톱을 깎거나 신문을 보는 한가로움이었다고…. 그 시절에는 과장만 되면 여유 있는 삶이 가능할 줄 아셨단다. 작업환경이 급변하고, 배워야 될 새로운 기술도 늘어나고, 경쟁자도 많아진 요즘엔 임원들부터가 바쁘단다. 사장으로서의 일과도 신입사원 시절에 상상했던 사장의 시간이 아니라고…. 그러니 부장과 팀장이 어찌 쉬이 퇴근을 할 수 있겠는가?

경쟁 상대보다 먼저 출시를 해 고객의 피드백까지 받아 보는 신속한 결정이 필요하다. 쉴 틈 없이 잇대어져 있는 결정의 순간을 톱니 삼아, 시계는 점점 더 빨리 돌아간다. 경쟁이 글로벌화 되면서 효율을 극대화하지 않으면 생존할 수 없는, 효율을 극단적으로 추구하는 사회가 되었기 때문에, 그 경제적 현실을 가슴 따뜻한 철학의 위안으로 대신할 수만도 없다는 말씀. 더군다나 결정의 중심에 있는 사장의 입장에서는 더욱더….

오늘날 '글로벌'이 당면하고 있는 사회문제 중의 하나가 획일화이다. 삼성과 애플은 글로벌이란 단일 시장에서 각축을 벌이고 있는 것이다. 시장이 겹치다 보니, 각자의 영역이란 것이 따로 존재하지 않는다. 공동의 창구에서는 비교의 척도 역시 같을 수밖에 없다. 어떻게든 더 잘 팔려

야 하는 상품으로, 어떻게든 남들보다 먼저 시장을 점해
야 한다.

발터 벤야민이 지적하는 대량생산시스템의 문제는, 개
인에게서 사라지는 고유의 아우라이다. 각자가 지니는 고
유의 스토리텔링이 사라지는 시대엔, 바쁘면서 모자란 시
간도 대량생산으로 복제가 된다. 나와 너, 우리와 너희 할
것 없이 모두가 바쁘다. 특히나 자본주의의 모순이란 모순
은 죄다 작지 않은 크기로 짊어지고 있는 우리 사회의 자
화상이기도 하다.

인류에게 가장 먼저 일어난 글로벌의 '증상'이 제국주의
가 아니었을까? 하긴 글로벌 시대에 횡행하는 경제대국의
상징적 폭력을 제국주의에 빗대기도 하지 않던가. 벤야민
을 필두로 한 당대의 철학 사조는 전쟁으로까지 번진 자
본주의의 폐해를 정신분석으로 진단했다. 그 글로벌의 현
장에 국경을 넘나드는 공군으로 참여했던 생텍쥐페리, 그
가 진단한 미래의 지구가 가로등지기의 별이었는지도 모
르겠다.

2

건물은 높아졌지만 인격은 더 작아졌다.

고속도로는 넓어졌지만 시야는 더 좁아졌다.

소비는 많아졌지만 더 가난해지고, 더 많은 물건을 사지만 기쁨
은 줄어들었다.

집은 커졌지만 가족은 더 적어졌다.

지식은 많아졌지만 판단력은 모자라다.

전문가들은 늘어났지만 문제는 더 많아졌고, 약은 많아졌지만
건강은 더 나빠졌다.

생활비를 버는 법을 배웠지만 어떻게 살 것인가는 잊어버렸고,
인생을 사는 시간은 늘어났지만, 시간 속에 삶의 의미를 넣는 법
은 상실했다.

달에 갔다 왔지만 길을 건너가 이웃을 만나기는 더 힘들어졌다.

외계를 정복했는지 모르지만 우리 안의 세계는 잃어버렸다.

류시화 시인의 번역으로도 유명한, 제프 딕슨의 〈우리
시대의 역설〉이란 시의 일부이다. 열린 결말로 놓아둔 이
시의 뒷부분은, 여전히 네티즌들에 의해 계속 한 줄씩 덧

보태지고 있는 현재진행형이라고, 2005년 출간된 시집에 적혀 있다. 그 이후 얼마나 많은 행이 보태어졌을까? 문명의 발달로 인해 인류의 생활이 편해진 것만은 사실이다. 그러나 그 절약된 시간으로 여유로운 현대를 살아가고 있기나 한가? 도리어 효율성이 또 다른 목적성으로 이어져, 이전에는 존재하지 않았던 새로운 업무와 기능을 창출한다. 그 결과, 효율성의 시대에도 우리는 여전히 모자란 시간을 살아간다.

사회구조는 점점 더 복잡해지고 변화의 속도는 더욱 빨라지고 있다. 그 복잡의 속도를 얼마나 잘 따라잡느냐가 능력의 척도이다. 능력의 척도는 자연스레 경쟁이 되고, 능력의 과잉공급은 또 다른 지식과 기술 그리고 새로운 척도를 요구한다. 세상의 척도로 세상의 지위를 얻고자 숨가쁘게 달려오다 보니, 학창시절에 배웠던 자아실현이란 개념은 점점 그리움이 되어 가고, 남아 있는 것이라곤 그 시절부터 익숙한 남들과의 경쟁과 비교뿐이다. 그리고 그 경쟁에서 비교우위를 점할 수 있게 해주겠다는 지침서들이 마법의 주문인 양 팔려 나간다.

물론 느린 게 좋은 건 아니다. 느림의 미학도, 슬로우 라

『당신이 욕망하는 것은
항상 당신보다 조금은 빠른 속도이며,
당신에게 가장 소중한 것들은
당신보다 조금은 느린 속도이기
마련이다. 하여 욕망을 따라잡으려다가
소중함을 앞질러 버린 사연들이
비일비재하지 않던가.』

이프가 가능한 이들의 일방적인 철학일 뿐이다. 당장에 먹고사는 일이 시급한 이들이, 여유로운 풍광이 싫어서 제주도에 내려가 살지 않는 것이겠는가 말이다. 그러나 빠름이 과연 효율적인 속도인지를 순간순간 돌아볼 필요는 있다. 당신이 욕망하는 것은 항상 당신보다 조금은 빠른 속도이며, 당신에게 가장 소중한 것들은 당신보다 조금은 느린 속도이기 마련이다. 하여 욕망을 따라잡으려다가 소중함을 앞질러 버린 사연들이 비일비재하지 않던가.

늦을수록 돌아가란다. 논리적으로 설명할 수는 없지만, 어차피 늦을수록 돌아가게 된다. 더군다나 그 조급함 앞에서는 모든 길이 정체처럼 느껴질 뿐이다. 늦은 김에 한번 멈춰 서 있는 곳의 풍경을 둘러보고 가시길…. 어쩌면 다시 지나칠 일이 없는 풍경인지도 모른다. 우리가 무심코 지나쳤던, 이제는 다시 지나칠 수 없는 청춘의 풍경들처럼 말이다.

3

　우리에게 과거란, 과거의 시간 모두를 포함하는 범주가 아니다. 유의미한 사건의 순간들에게만 기억의 용량을 배분한 결과이다. 순간순간 과거로 진입하고 있는 현재의 성질도 마찬가지다. 기억의 부표가 띄워지지 않는 그 모든 순간들이 망각의 경계 너머로 사라져 간다.

　나이가 들면서 인생의 속도가 점점 빨라지는 이유는, 기억할 만한 유의미한 사건이 줄어들기 때문이란다. 더군다나 더 이상 낯선 가치들에 대해 관심을 갖지 않는 어른의 시간은, 자신에게 익숙한 기억들만을 다시 현재로 반복할 뿐이다. 한 달과 1년의 얼개를 대강 알고 있다. 감지되는 변화라고는 그저 해가 뜨고 해가 진다는 사실이 전부이다. 낮과 밤 사이에 펼쳐지는 잠깐의 붉은 노을, 하늘 끝으로 사그라드는 여린 빛 속에서 잠을 깨는 가로등. 실상 하루와 1년이 다를 게 없는 풍경이다.

　누구든 깊은 슬픔에 잠기면 노을을 사랑하게 된다던 어린 왕자의 말에서, 그가 생각처럼 어리지 않다는 사실을 미루어 짐작할 수 있지 않을까? 어린 왕자가 B612에서 마흔 세 번의 노을을 보았다는 어느 하루는, 그만큼 빨라진 삶의 속도에 관한 알레고리는 아니었을까? 세상 끝으로 져가는, 그러나 아직까지 낮을 포기하지 않고 타들어 가는, 슬프도록 아름다운 순간을 사랑한 건 아니었을까? 생텍쥐페리는 이 동화를 마흔 세 살에 발표한다. 그런 것 보면 지드래곤이 덧보탠 〈붉은 노을〉의 랩 가사는 꽤나 문학적이었다는…. 해가 뜨고, 해가 지네, 노을빛에 슬퍼지네.

그대는 모릅니다

1

어린 왕자가 지구로 오게 된 직접적인 계기는 여섯 번째 별에서 만난 지리학자이다. 그가 어린 왕자에게 다음 여행지로 지구를 추천했던 것이다. 지리학자라는 직업에 상당한 프라이드를 지니고 있는 그는 결코 책상을 떠나는 일이 없다. 지리학자는 중요한 사람이기에 돌아다닐 수가 없다는 이유에서이다. 그런 건 탐험가가 할 일이며, 자신은 탐험가의 견문을 기록하는 사람이다. 그러나 직접 보고 들은 것이 아니기에, 탐험가들이 들려주는 견문에 대해서는 그 진정성을 의심하기도 한다.

지리학자는 공간이 품고 있는 생태에는 관심이 없다. 어린 왕자가 꽃에 대해 물었지만, 지리학자가 견지하는 신념 내에서는 생명은 그저 일시적인 존재일 뿐이다. 보다 가치

있는 것은 변하지 않는 공간 그 자체에 대한 이론이다. 순간으로 피어나는 구체적인 삶의 현장성은 모두 이론 옆으로 버려진다. 한비자가 학자들을 '좀벌레'에 비유한 이유이기도 했다. 실질적인 삶의 기술이 아닌, 그저 한 이론을 뒷받침하기 위해 다시 적어 내려가는 공허한 이론 뒤 이론과 이론. 이렇듯 현장성을 간과하는 관점에 대한 들뢰즈의 지적은, 아무것도 전복시키지 못하는 추상적 진리들에만 도달한다는 점이다.

비행사였던 생텍쥐페리와 척을 지는 상징이기도 하다. 하늘을 통해 지상의 경계를 넘나들며 직접 겪은 견문은, 또한 생텍쥐페리가 견지했던 문학관으로도 이어지는 지평이다. 앞서 언급했지만, 문학의 위기에 대한 어느 언론사의 논평은 문예창작과의 존립 자체에 관한 지적이었다. 예전처럼 삶의 이력이 녹아 있는 글이 아니라 그저 수사에만 능한 미래의 작가들이 배출되고 있다는…. 물론 문예창작과의 존재가 근본적인 이유일 수는 없을 것이다. 문학을 대하는 작가들의 열정이 문단이 지향하는 담론에만 취해 있다는 것이, 좀처럼 대중과의 거리를 좁히지 못하는 문체의 원인일 것이다. 생텍쥐페리가 말하는 글쓰기는, 글쓰기

『세상을 바라보는 방식의 문제죠.

시중에 나오는 인문학들이

인문학으로서의 기능을 하지 못하는

이유도 같은 맥락일 거예요.

책을 많이 읽어서 지식은 늘어날지언정

삶의 태도는 하나도 바뀌지 않는 거죠.』

자체가 아닌 삶을 바라보는 방법을 배우는 과정이다. '글쓰기는 그에 따른 결과'일 뿐이다.

"

구글이나 애플의 기업문화를 많이들 벤치마킹하는데, 배울 수 없는 이유는 그것이 콘텐츠의 문제가 아니기 때문이에요. 세상을 바라보는 방식의 문제죠. 시중에 나오는 인문학들이 인문학으로서의 기능을 하지 못하는 이유도 같은 맥락일 거예요. 책을 많이 읽어서 지식은 늘어날지언정 삶의 태도는 하나도 바뀌지 않는 거죠.

"

철학사에서 쇼펜하우어와 니체가 등장하는 지점을 소위 '생철학'이라고 한다. 그전까지 철학의 관심사는 세계를 어떻게 인식하느냐의 문제였다. 그 대답으로 내놓은 이론들 모두가 '객관'에 초점이 맞춰진 논증이었다. 생철학은 그런 논리 안에서의 정합성보단, 그다지 논리적이지만은 않은 삶 그 자체를 어떻게 살아갈 것이냐에 대한 질문을 던지고 있는 것이다.

쇼펜하우어의 저서를 읽고 철학의 길로 들어서게 된 또다른 철학자가 키에르케고르이다. 니체야 말할 것도 없지만, 키에르케고르의 실존 역시 공허하고도 지루한 관념 놀음에 대한 반동으로 시작된 행위적 사유이다. 관념의 절정으로 피어난 헤겔 철학에 키에르케고르가 던진 혹평 중 개인적으로 가장 좋아하는 한 줄, '그것은 굶주린 사람에게 요리 교과서를 읽어 주는 것과 다를 게 없다.'

모든 철학도들이 반성해야 할, 아니 모든 글쟁이들이 반성해야 할 실존의 문제가 아닐까 싶기도 하다. 우리가 정말 삶에 관한 이야기를 하고 있는 것일까? 아니면 그저 글을 쓰기 위한 '글로 머문 생각'들의 돌려 막기에 지나지 않는 것일까?

장하준 교수의 표현에 따르면, 경제학자들은 경제학이 물리학이 되길 바란단다. 대중들이 쉽게 접근할 수 없는, 대중들이 그 난해함에 혀를 내두르며 일방적으로 수긍할 수밖에 없는 권력적 지식이 되고자 한다고…. 차라리 현대 과학은 그 원리 자체부터가 난해한 지식이지만, 대중과 가까워지려는 노력을 이어 가고 있다. 그러나 경제학은 도리어 쉬운 지식을 난해한 금융이론으로 무장한다. 또한 경제학으로 모든 학문을 설명할 수 있다는 오만에 사로잡혀 있다. 그 결과가 경제도 제대로 조망하지 못한 금융위기였다.

"경제학은 지적 사치가 아니라 민주시민으로서의 의무이다."

개인적으로 좋아하는 장하준 교수의 어록, 참 멋진 말이다. 우리 삶의 기반이 되는 경제이기에, 대중들이 기초적 지식들만이라도 이해해야 한다는 것이 장하준 교수의 생각이다. 이는 철학에서도 마찬가지의 문제가 아닐까? '생각'의 행위가 지적 사치여서야 되겠는가?

2

"

그런데 저는 학자로서의 철학자는 조금 다르다고 봅니다. 그들이 철학을 하는 이유는, 우리와는 출발점이 달라요. 바디우도 자기는 라캉이 끝나는 지점에서 시작을 한다고 말했듯, 그들은 이전의

아이에서 어른으로

철학자들이 해온 끝에서 시작하는 철학자들이죠. 그들은 칸트보다 혹은 헤겔보다 혹은 니체보다 한 걸음만 더 나가면 되는 거예요. 그래서 그들이 쓰는 저서들은 쉽게 읽히는 난이도가 아니죠. 우리가 어떻게 살 것인가에 대한 고민의 해법으로 들춰 보는 철학하고는 다소 결이 다른 거예요. 문제의식이 달랐던 거죠.

"

어떤 철학도 저 홀로 독보적인 경우는 없다. 낡은 어제를 폐기하는 것이 우리의 내일이라며 '단절'과 '비약'을 강조했던 니체도 결국엔 어딘가에 잇대고 있는 '연속'이다. 때문에 형이상학 자체에 거부감을 지녔던 니체의 철학도 일정 부분 형이상학을 딛고 있을 수밖에 없다. 그것을 비판하려 해도 그것에 대한 이해가 선행되어야 설득력을 갖춘 논리일 수 있지 않겠는가. 조선을 디자인했다는 수식이 따라붙는 정도전이 결국엔 불교의 대가였던 아이러니, 정신분석에 회의적이었던 들뢰즈가 정신분석에 대가였던 아이러니와 같은 맥락이다. 키에르케고르의 아이러니는 그만큼이

나 헤겔을 잘 이해했던 철학자도 없었다는 사실이다.

"

어떤 의미에서 보면 학문으로서의 철학은 우리의
삶과 다소 괴리되어 있는 것일 수도 있지만, 삶의
문제에 개입하는 것이라기보단 논리를 반박하는
논리의 정합성을 추구하는 것이죠. 이것이 꼭 나
쁘다고 말할 수 있는지에 대해서는 저는 잘 모르
겠어요. 우리가 위상수학과 행렬이론이 처음에
나왔을 땐, 도대체 이걸 어디다 써먹을 거냐를 물
었던 사람들도 많았거든요. 그런데 당장 우리가
쓰는 핸드폰만 해도 이 수학적 원리가 들어 있는
경우잖아요. 이걸 왜 만들었는지 전혀 이해 못 하
던 영역에서 도리어 그것이 쓰이는 경우가 굉장
히 많아요. 전혀 쓸데없어 보이는 이론도, 시간이
지나면 우리의 일상생활을 설명할 수 있는 인문
학의 한 분야로 자리 잡은 경우가 생기기도 하죠.
대표적인 경우가 정신분석이잖아요.

"

헤겔에 대한 쇼펜하우어의 일방적인 라이벌 의식은 철학에 관심이 있는 사람들 사이에서는 유명한 일화이다. 그러나 실상 당대의 쇼펜하우어는 헤겔의 라이벌이었다기보다는, 속된 말로 거의 발렸다고 보면 된다. 유럽의 지성과 청춘들은 헤겔의 문법에 매혹되었다. 쇼펜하우어의 '연속'이었던 니체라고 달랐겠는가? 니체 저 스스로도 '너무 일찍 도래한' 미래의 철학자로 평했을 만큼, 그의 철학이 비주류로 분류되던 시절도 있었다.

쇼펜하우어의 표상과도 같은 '의지' 개념은, 칸트의 언어를 인도 철학으로 설명하는 경우로, 오늘날로 말하자면 무의식의 영역이다. 모든 것이 신과 이성으로 설명되어야 했던 당대의 인식론이 그의 '의지'를 납득할 수 있었겠는가? 오늘날의 서점가에서는 금언들만 간추린 형식으로나마 가장 잘 팔리는 철학자로 분류되지만, 당시에는 도리어 쇼펜하우어의 철학이 공허한 이론이었다. 흔히 알고 있는 것과는 달리, 프로이트는 정신분석의 창시자가 아니다. 아는 사람들 사이에서는 이미 꽤나 유행이었던 담론이었다고 한다. 그런데 그 담론이란 게 쇼펜하우어의 철학과 크게 다르지도 않다. 정신분석의 기원을 소급하려면 차라리

『어떤 사람이 모터를 아주 작게
만들었는데, 사람들이 다 욕을 하는
거예요. 도대체 힘도 없는 그 모터를
어디다 쓰냐고…. 그런데 이 사람은 그냥
자신이 얼마나 작게 만들 수 있는지를
실험해 본 것뿐이에요. 그런데 지금
핸드폰의 진동을 그걸로 만들잖아요.
사람들은 너무 쓸모만을 생각하는데,
쓸모없음의 쓸모란 게 대단해요.』

이 지점이어야 할 것이다.

　현대철학은 기본적으로 니체와 프로이트, 마르크스를 꿰고 있는 형국이다. 니체 그리고 프로이트와의 연관성, 마르크스가 헤겔로부터 갈라져 나온 전도(顛倒)였다는 사실까지 감안한다면, 쇼펜하우어는 현대철학의 기점에 서 있었던 철학자이지만, 간혹 일반교양의 철학사에서 자신의 페이지를 할애받지 못하는 실정이다. 그러나 그가 없었다면 현대철학이 어떤 방향성으로 흘러갔을지는 모를 일이고, 그의 독설과 위트로 위로받는 현대인과 그것으로 재미를 보는 출판사들이 없었을 것이다.

"

어떤 사람이 모터를 아주 작게 만들었는데, 사람들이 다 욕을 하는 거예요. 도대체 힘도 없는 그 모터를 어디다 쓰냐고…. 그런데 이 사람은 그냥 자신이 얼마나 작게 만들 수 있는지를 실험해 본 것뿐이에요. 그런데 지금 핸드폰의 진동을 그걸로 만들잖아요. 사람들은 너무 쓸모만을 생각하는데, 쓸모없음의 쓸모란 게 대단해요. 철학을 위

시한 순수 학문들도 상당 부분이 쓸모없음의 쓸
모예요.

"

　물론 결국엔 '쓸모'에 대한 말씀이다. 노자의 철학을 들
어 쓰자면, 그릇의 쓰임은 결국 그 빈 공간의 쓰임이라는
것. 일반인들이 보기에는 그저 공허하기 짝이 없는 관념의
사유체계인 것 같지만, 누군가에게는 그 철학이론들이 있
어서 교양학부 시간강사라도 할 수 있는 '쓸모'이기도 하
다. 나는 내 스스로가 철학자라고 생각하진 않는다. 도통
이해가 되지 않아서, 머리에 쥐가 나도록 반복해서 읽어
댄 지식들을 빌려, 일상의 장면들을 해석하는 게 고작이
다. 이 '고작'도 저 철학이론들이 없었으면 가능하지 않았
던 일이다. 하물며 《어린 왕자》에 관한 이 인터뷰도 없었
을 것이다.
　어떤 이들에겐 관념론은 굉장한 매력도의 사유체계이
다. 수학 문제를 푸는 것에서 행복감을 느끼는 수학전공자
들이 있듯, 논리의 사유 실험에서 행복을 느끼는 사람들
도 있다. 관념론의 재미에 한번 빠져들게 되면 조선시대의

성리학자들이 이해되기도 한다. 흔히들 조선의 유학을 공리공론쯤으로 알고 있지만, 주자의 후학들도 감탄한 고도의 관념론이다. 문제는 그 관념의 타성이 결국엔 공리공론으로 흘렀다는 점, 이는 현대의 학계가 지니고 있는 문제이기도 하다. 권력적 지식으로 존재하고자 하는 욕망들은 좀처럼 해석의 다양성을 인정하지 않고, 족보와 위계를 따지는 경향이 있다. 또한 순수학문이라는 미명 아래 언어를 착취하기도 한다. 그들에겐 그 문법과 문체까지가 철학이다. 그래서 같은 말을 그토록 어렵게 하는 것이기도 하다.

그러나 그런 영역들이 있기에, 응용학문이 존재할 수도 있고, 나와 같은 해석의 작업들이 가능한 것이기도 하다. 우리 삶에 저런 고리타분한 이론들이 과연 얼마나 필요가 있을까 싶지만, 또한 반드시 존재해야 하는 순수의 영역이기도 하다. 다만 그 순수의 영역을 지향하는 이들이 과연 앞서 열거한 지적들에 대한 반성의 지평을 갖추고 있느냐의 문제는 또 따져 봐야 할 일이고….

Ⅲ. 세상에 뿌려진 사랑만큼

화려하지 않은 고백

1

    이진경 교수의 저서 《파격의 고전》에서는, 이웃의 젖동냥으로 자란 심청과 형제조차 내친 놀부를 비교하며 공동체의 와해 단계를 설명하는 페이지가 있다. 와해의 원인으로 지목된 사안 중 하나가 서민들의 일상에 침투한 화폐경제이다. 마르크스에 따르면 자생적 공동체의 품이 아닌, 그것이 멈추는 경계에서 화폐의 개념이 발생한다. 다시 쉽게 풀어쓰자면, 자급자족 시스템의 공동체들 사이에서 거래가 이루어지기 시작하면서, 교환의 편의를 위한 화폐의 필요성이 대두된다는 이야기이다. 공동체는 '같은 규칙'을 공유하는 커뮤니티이며, 마르크스가 '사회'와 구분하는 집단이다. 화폐의 발생은 경제의 규모가 커졌다는 사실을 의미하며, '다른 규칙'들과의 빈번한 교류로 인해 보다 넓어

『커뮤니티는 넘쳐 나지만
커뮤니케이션에는 점점 서툴러지는,
다 함께 있어도 외로운 사람들.
오로지 저 자신에게 전념하는 방식으로
이루어지는 타인과의 소통,
그 결과 오롯이 저 자신도 되지 못하는
빈약한 소신.
이 또한 시간을 들여서 애정의 가치를
찾아보는 일에 익숙하지 않은 시대상이
빚은 결과일 것이다.』

진 관계의 범주는 공동체적인 성격에서 사회적인 성격으로 변모한다.

시장이 확대되는 지점에선 필히 교통이 발달하기 마련이다. '다른 규칙'들의 유입량과 유동량이 늘어나고 도시가 형성된다. '같은 규칙'의 공동체 내에서 통용되던 도덕적 가치보다는, '다른 규칙'들 사이에서 충돌을 중재하고 개인의 권리를 보장해 줄 수 있는 법률적 장치를 필요로 하게 된다. 게오르그 짐멜은 도시에서 공동체적 가치가 사라져 가는 원인으로 도리어 사람 사이의 너무 가까워진 거리를 지적하기도 한다. 인구가 늘어나고 물리적 거리가 좁혀질수록, 무의식은 자신의 고유 영역이 침범을 당한다고 느낀단다. 때문에 조밀한 인구밀도 안에서 타인과 일정 거리를 유지하며 자신만의 공간을 확보하고자 하는 노력은, 사람 사이의 좁아진 거리만큼으로 자기 안을 파고드는 개인주의로 흐른다. 넓어진 관계의 범주가 도리어 우리를 더 외롭게 만드는 역설을 초래하고 만 것이다.

그러나 한편으로는 외로움이 싫어서 부단히도 타인의 시선을 욕망하려 드는 딜레마, 그 절충의 방법론은 자신이 보여 주고 싶은 모습만을 전시하는 것이다. 선별된 자아,

아니 요즘은 거짓된 자아를 게재하는 방식으로 유지하는 타인과의 거리. 그 간극을 결국 스스로에 대한 과잉의 자기애로 채우며, 더 많은 타인으로부터의 피드백을 요구한다. 그러나 그 타인들도 결국엔 각자의 자아이며, 그들에겐 내가 타인의 범주라는 사실. 그들이 원하는 피드백 또한 타인의 시선을 감안한 저마다의 자기애라는 순환. 결국엔 외로움이 불러일으키는 자아의 메아리들로 뒤엉켜 있는 '타자의 담론'에 지나지 않다.

커뮤니티는 넘쳐 나지만 커뮤니케이션에는 점점 서툴러지는, 다 함께 있어도 외로운 사람들. 오로지 저 자신에게 전념하는 방식으로 이루어지는 타인과의 소통, 그 결과 오롯이 저 자신도 되지 못하는 빈약한 소신. 이 또한 시간을 들여서 애정의 가치를 찾아보는 일에 익숙하지 않은 시대상이 빚은 결과일 것이다. 그 결과는 그럴 만한 가치를 찾아보기 힘든 무정한 시대상으로 순환한다.

어린 왕자가 지구로 오기 전에 들렀던 별들은, 지구의 표집들이라고 할 수도 있다. 지구는 그 별들의 총화이다. 111명의 왕과 7천 명의 지리학자, 90만 명의 장사꾼, 7백 50만 명의 주정뱅이, 3억 1천 1백만 명의 허영심, 4십 6만

세상에 뿌려진 사랑만큼

2천 5백 11명이나 되는 가로등지기들. 한 20억 명쯤의 어른들이 살고 있는 별, 그러나 어린 왕자가 지구에 도착해 가장 먼저 느낀 정서는 외로움이다. 어린 왕자는 사막에서 가장 먼저 만난 뱀에게 묻는다. 사람들은 어디 있느냐고…. 뱀의 대답은 어차피 사람들은 모두 외롭다는 사실이었다.

어린 왕자는 높은 곳에 올라 내려다보면 한눈에 지구를 볼 수 있을 거란 생각으로 산에 오른다. 자신의 별에 있는 화산은 의자 대신 사용할 수 있을 만큼 작았는데, 이 지구는 산의 규모도 어마어마하다. 그 거대함을 믿고서 사람들을 불러 봤지만, 돌아오는 건 공허한 메아리뿐이다.

2

"
어린 왕자가 지구로 오기 전에 만났던 어른들은, 결국엔 우리 모두가 지니고 있는 모순이기도 해요. 우리 마음속에는 허영쟁이도 주정뱅이도 가

로등지기도 존재하는 게 사실이잖아요? 지구는
그 표집들이 모여 살고 있는 확장의 범주였고….
"

어린 왕자가 지구로 오기 전에 만났던 모든 어른들은 그
별에서 홀로 살고 있었다. 앞서 말했듯, 이는 하나의 표집
이라는 상징성인 듯하다. 그 표집들의 모둠인 지구는 결국
우리의 모습이기도 하다. 어느 정도의 권위의식과 허영심,
그리고 외로움을 지닌 채 살아가는 어른.

프로이트의 정신분석을 전기와 후기로 나누는 기준은
세계대전이다. 어떤 반론에도 자신의 소신을 굽히지 않았
던 프로이트였지만, 전쟁의 참상을 목도한 이후에는 자신
의 이론에 수정을 가하기 시작한다. 그리고 전쟁의 원인을
규명하려 했던 여러 지식인들에 의해 정신분석은 사회학
차원으로 끌어올려진다. 들뢰즈 같은 철학자는 가정도 사
회의 범주로 보고 있다. 부모의 성향은 자신들이 딛고 있
는 사회적 좌표를 부모 자아에 투영한 결과라는 것.

프로이트 정신분석에서 자주 언급되는 '오이디푸스 콤
플렉스'를, 사회학의 언어로 번안해 설명하자면, 성장 중

에 아버지와 겪게 되는 갈등에 관한 이야기이다. 아이의 시절엔 아직 본능적 충동에 충실하다. 그러나 사회적 존재로서 자라나기 위해서 개인적 충동을 다 허락할 수도 없는 법, 그래서 사회적 도덕으로서의 훈육이 필요하기도 한 것이다. 그 훈육의 주체가 아버지이다.

아동의 충동을 통제하는 아버지의 '말씀'은 사회의 질서체계를 상징한다. 라캉이 주목하는 지점은 그 말씀의 속성이다. 언어는 그 자체로 이미 그 사회의 가치체계까지 매개하고 있는 사회화의 도구이며, 일률과 순응을 조장하는 메커니즘이기도 하다. 아버지는 그 사회의 한 표집으로서의 어른이다. 당연한 이야기겠지만, 우리가 어떤 어른을 겪느냐의 문제는, 우리가 어떤 사회 풍토에 속해 살아가고 있느냐를 대변하는 현상이다. 또한 어느 정도는 우리의 자아일반을 대변하는 증상이기도 하다. 우리도 결국 그런 어른으로 자라나고, 아이들은 '우리'로 자라난다.

"

흔히들 인생을 여행에 비유하기도 하지만, 라캉은 우리가 실상 제자리에 맴돌고 있다는 사실을 확인시켜 주죠. 인간의 욕망 체계는 오이디푸스의 지점에 멈춰서 한 걸음도 나아가지 못한다는 거예요. 시간이 흐르니까 성장하고 발전한다고 착각할 뿐이죠. 저 스스로도 절감하는 바이지만, 어른들에게서 배울 게 없다는 이야기가 맞는 것 같아요. 그들은 결코 멀리 간 게 아니에요. 도리어 퇴보하기까지 하죠. 지위는 올라가고 돈은 많아졌을지 몰라도, 본질적으로는 사랑을 욕망하는 아이들과 다를 바가 없다는 생각을 문득문득 하게 돼요.

"

오이디푸스 콤플렉스의 지점을 지나면서, 우리가 유년 시절에 지니고 있었던 본능의 충동은 사회의 체계를 학습하면서 교화가 되기 시작한다. 그러면서 어른이 되어 가는 것이다. 그 결과 욕망의 의미는 스스로를 만족시키는 기호(嗜好)가 아닌, 사회의 구성원으로서 자신의 좌표를 확인시켜 주는 기호(記號)이다. 우리는 언제나 그 좌표 주위를 맴돌며, 그 좌표를 확인시켜 주는 대상들을 소유하고자 그

『우리 마음속에는

허영쟁이도 주정뱅이도 가로등지기도

존재하는 게 사실이잖아요?』

렇게도 아등바등 이 한 세상을 살아간다.

　이 시대가 정의하는 성공이란 결국 그 사회가 욕망하는 좌표들을 선점한 이들의 성과이며, 다음 세대에게 권고되어지는 것 또한 그 좌표들의 매뉴얼이다. 세상의 풍경은 하나의 격자에 지나지 않는다. 어떤 경우도 숫자로 환산이 가능한 매트릭스 안에서 우리는 '기호'로서의 삶에 충실한 어른일 뿐이다.

그대가 그대를

1

김현철의 〈춘천 가는 기차〉를 들으며 경춘선의 추억을 떠올리는 세대도 있을 테고, 낭만의 기대로 '춘천 가는 전철'에 오르는 이들도 있을 테지만, 경춘선에 배열된 모든 역사(驛舍)의 이름을 외울 정도로, 경춘선 위에서의 왕복이 일상인 사람들에겐, 창밖으로 스쳐 가는 강변의 풍경들이 그다지 낭만일 것도 없다. 나 역시 그랬다.

봄과 여름에는 MT를 가는 대학생 무리에 끼어, 가을에는 단풍놀이 관광객들 사이에 섞여, 한숨 자고 나면 남춘천역이길 바라던 마음은 언제나 시끌시끌한 다른 누군가들의 여정 속에 홀로 불편할 뿐이었다. 그 여정이 일상인 이들에겐 철로 끝에 놓인 종착역이 목적일 뿐이다. 그저 빨리 다다르기만을 바라는 조급함으로 창밖의 풍경 모두

세상에 뿌려진 사랑만큼

를 지루하게 지나쳐 갈 뿐이다.

중간 즈음인 대성리역은, 내게 '벌써 대성리'였던 적이 별로 없었다. 언제나 '이제 대성리'였고, '아직 대성리'였다. 지겹도록 타고 다녔던 춘천 가는 기차가 막상 사라지고 나니 애틋함으로 돌아보곤 하지만, 정작 그렇게 애틋한 추억도 많진 않다. 내게 경춘선은 역의 이름들만 나열되어 있는 노선도와 다를 게 없는, 그 강변의 풍경들은 애진즉에 사라져 버린 언어적 기호에 지나지 않았다.

삶을 여행에 비유하기도 하지만, 여행은 여정 자체가 목적인데 반해, 우리 삶은 항상 목적지만을 바라본다. 여정은 그 목적지를 위한 매몰비용 이상의 의미는 아니다. 같은 맥락에서, 대학입시를 위한 경유지로 다니는 학교에서 학창시절의 낭만이 쓰여지고 있을 리 없고, 취업사관학교로 전락한 상아탑에 인문의 풍경이 새겨져 있을 리도 없다.

"

라캉을 빌리자면 진리는 명사가 아닌 동사예요. 그것을 찾아가는 과정 자체이지 진리의 목적지가 따로 있는 게 아니라는 거죠. 춘천이 목적인 것이 아니라, '간다'는 동사가 목적인 거죠. 우리는 대부분 명사적 목적이 명시된 삶을 살기 때문에 힘든 것 같아요. 대학에 가야 하고, 취업을 해야 하고, 돈을 벌어야 하고, 지위를 얻어야 하고…. 아이들은 그런 목표 의식이 없는 거죠.《어린 왕자》에 등장하는 기차 속의 어른들에겐 목적지가 아닌 이상엔 별 가치가 없는 풍경들이었지만, 아이들에겐 창밖으로 스치는 모든 풍경이 목적이죠.

"

인터뷰 내내 사장님께서 자주 들어 쓰시는 단어가 '매혹'이었다. 딱히 이유를 모르겠는데 맹목적으로 끌리고 있는, '하고 싶은' 것들을 향한 열망. 그런 매혹에 이끌리는 삶이야말로 자기 욕망에 충실한 삶이라는 이야기이다. 이렇게 매혹당하는 순간들을 바디우는 '사건'이라 규정하고 있는 것이다. 사장님은 비행사 앞에 나타난 어린 왕자를 그런 '사건'으로 해석하신다. 엄마에게 혼이 나는 한이 있더라도, 자신이 정말로 좋아하는 작당을 벌이면서 행복해하던 유년 시절, 어쩌면 그런 매혹의 순간들이 잇대어지는 하루

『인간은 자유를 갈망하면서도
또한 예속을 원하는 모순적 존재이다.
아이의 손에서 자유로워지고 싶었던
풍선의 꿈이, 막상 아이의 손을 떠나
날아오른 창공에서 방황을 하듯,
부단히도 자신을 끌어당기던 중력으로부터
자유로워진 그 열린 가능성은
곧 불안이기도 하다.』

하루였기에 그 시절의 우리들은 늘상 웃고 있었는지도….

하고 싶은 일을 하며 살아가고 있는 나의 삶도, 실상 일반 어른들의 시간과 별반 다르지 않다. 다음 출간물을 향해 어제와 다를 것 없는 하루를 잇대고 있을 뿐이다. 다음 달이 어떻게 지나갈지 궁금하지도 않다. 어차피 요번 달과 같을 테니…. 인생의 풍경을 즐기지 못하는 삶은, 철학을 읽기 전과 후가 다를 게 없다. 철학의 풍경들을 그저 무심히 스쳐 지나온 것 같다. 그저 각 철학자의 이름이 적혀 있는 역들이 목적이었던 건 아니었을까? 내 철학의 여정은 니체로부터 시작되었다. 《어린 왕자》에 관한 기획과 추억에 관한 에세이 하나를 진행하던 시기에서야, 그 동심의 철학이 다시 보이기 시작했다는….

2

배반하지 못했으므로,

단 한 번도 탈선해보지 못했으므로 기차는 저렇게 서서 우는 것이다

세상에 뿌려진 사랑만큼

철길이란, 멀리 가보고 싶어 자꾸 번지는 울음소리를

땅바닥에 오롯이 두 줄기 실자국으로 꿰매놓은 것

안도현 시인의 〈철길〉이란 시의 일부이다. 길은 인도(引
導)의 기능뿐만이 아니라 유도(誘導)의 기능도 지닌다. 자
신이 제공하는 공간이 아니면 길이 아니라는 듯, 길은 그
렇게 쭉쭉 뻗어 있다. 니체에게 하늘의 상징성은 중력으로
부터 벗어나 있고, 아무 길도 그어져 있지 않은 자유의 공
간이다. 정해진 길은 없다. 하여 모든 방향이 다 길이다.
그러나 인간은 자유를 갈망하면서도 또한 예속을 원하는
모순적 존재이다. 아이의 손에서 자유로워지고 싶었던 풍
선의 꿈이, 막상 아이의 손을 떠나 날아오른 창공에서 방
황을 하듯, 부단히도 자신을 끌어당기던 중력으로부터 자
유로워진 그 열린 가능성은 곧 불안이기도 하다.

이런 연유로 사르트르는 자유를 인간에게 선고된 천형
이라 표현했다. 어떤 것도 선택할 수 있는 자유보다는, 차
라리 정해진 길 안에서의 인과를 고민하는 것이 속 편하
다. 사회의 중력으로부터 자유로워지고 싶지만, 또한 사회
의 중력 안에 머물러 살고 싶은 모순적 욕망. 때문에 우리

는 간간히 일탈을 꿈꾸기만 할 뿐, 결코 탈주를 감행하지는 않는다.

　어린 왕자가 지구에서 처음 마주친 사람들은 기차에 가득 실려 어디론가 향해 가는 중이었다. 기차에 타고 있는 어른들은 정작 자신이 무엇을 찾아 그렇게 서둘러 가고 있는지에 대해 잘 알지 못한다. 그러나 질문도 던지지 않는다. 철로가 인도하는 곳으로 가고, 거기가 마음에 안 들면 다시 철로가 권고하는 다른 곳을 찾아갈 뿐이다. 이는 사회적 표상만을 쫓는 어른들의 삶에 대한 알레고리로 해석할 수도 있다. 철로 그 자체가 자본사회의 표상이기도 하지 않던가. 승객들의 목적지는 대부분 철로 끝에 놓인 메트로폴리스이다. 창밖으로 스쳐가는 풍경들엔 관심이 없다. 차라리 철로 끝에 잇대어질 일정을 위해 잠을 자두는 게 낫다.

한 사람을 위한 마음

1

한 알만 먹어도 일주일 동안 목이 마르지 않는 약, 일상에서 물 마시는 데 소비되는 '무려' 53분의 시간을 절약할 수 있다는 임상 실험 결과. 그러나 어린 왕자는 약을 파는 장사꾼에게 묻는다.

"그 53분을 가지고 뭘 하는 거예요?"

장사꾼이 대답한다.

"자신이 하고 싶은 걸 하지."

어린 왕자는 생각했다. 만약 나에게 53분의 여유가 생긴다면, 샘 이 있는 곳을 향해 천천히 걸어갈 것이라고….

"

예전에는 대학교 게시판에 메모를 남기는 방식으 로 연락을 하기도 했었어요. 그 시절에는 시간에

대한 톨러런스가 좋았던 것 같아요. 상대가 약속
장소에 늦으면 30분이고 1시간이고 기다려야 했
던 거잖아요? 지금 시대엔 그럴 일은 절대 없죠.

"

시간과 시대의 상관에 관한 이야기를 나누다가 아날로
그 시절의 추억들이 쏟아져 나오기 시작했다. 사장님의 대
학시절에 맞장구를 치듯 꺼내든 나의 추억, 내 또래들의
대학시절은 딱 PCS폰의 흥망성쇠와 겹치는 시기이다. 이
이야기를 하는 와중에, 그날 인터뷰를 함께한 한 독립출판
사 대표님과 윤영선 작가님의 눈치를 슬쩍 살폈다. 도통
무슨 이야기인지 모르는 눈치. 사장님과 나만 알고 있는
이야기, 순간 사장님과 '우리'가 되었다.

기술의 발전은 대중의 지각을 변화시킨다. 효율성의 증
대는 역설적으로 시간의 가치를 퇴락시켰다. 컵라면 앞에
서 잠깐과 커피 자판기 앞에서 잠깐도 지루해하는 조급함
이 견뎌 낼 수 있는 기다림의 한계가 어디까지일까? 인생
에 대한 고민에도 미리 갈무리된 매뉴얼이 제공되길 바라
는 시대엔, 스스로 해답을 찾아보는 방법론 자체가 우리의

『점점 사랑하기가 어려워지는 이유는,
지긋하게 관계를 맺어가는 일에 익숙하지
않기 때문이기도 할 거예요.
매혹된다는 건 거기에 들인 시간이
아깝지 않아야 하고,
또한 타자에게 매혹되려면
어느 정도의 미지를 담보해야 되는 일이죠.』

'잃어버린 시간'이기도 하다. 실시간으로 확인할 수 있는 소통의 채널은 많아졌지만, 소통의 문제가 더 많이 발생하는 시대. 관계는 더욱 다양해지고, 관계에 대한 지침서는 매일같이 쏟아져 나오지만, 역설적으로 관계에는 점점 서툴러지고 있는 시대. 그 모두가 시간을 들이는 일에 미숙한 결과들일 것이다.

"

시간을 많이 들인 사물이나 사람에 대한 애착 같은 것이 점점 없어지는 거죠. 소행성 B612에 피어 있던 장미가 소중한 이유는 결국 어린 왕자가 들인 시간 때문이잖아요. 진정성 있는 관계 형성엔 축적된 시간이 필요한 것인데, 현대사회에서는 그 시간이 너무 길게 느껴지는 거죠. 이는 자본주의가 부추기는 면도 있어요. 자본주의는 빨리 진부화시키려는 전략이잖아요. 그에 맞물려 있는 우리의 생활 체계도 짧게 시간을 소비하는 것에 익숙해져 있죠. 저도 한 사람의 기업인으로서 이것이 좋다 나쁘다 말할 수는 없는 입장이지만, 그렇다고 문제가 아닌 것은 아니죠.

"

진부화를 부추기는 생산의 헤게모니 앞에서, 소비자들에게도 짧은 시간 내의 판단이 필요하다. 그래야 유행과 사조에 뒤처지지 않는다. 가장 효율적인 기준은 숫자이다. 일일이 살펴보고 찬찬히 뜯어보고서 괜찮은 것을 발견할 시간적 여유가 없다. 그래서 베스트셀러를 선택한다. 잘 팔리는 것들은 이미 많은 소비자의 선택을 받은 것이니 나쁘진 않은 콘텐츠란 인식이 앞선다. 때문에 헤게모니를 쥐고 있는 거대자본은 일단 순위를 점하고 본다. 결국 거대자본이 다시 돈을 버는 순환의 고리는 고스란히 영세업자의 피해로 돌아가지만, 영세업자 자신이 이미 '통큰치킨' 앞에 줄을 서고 있는 부조리.

선택의 잣대가 수로 산출된 결과들이다 보니, 모두가 똑같은 것을 욕망한다. 남들이 좋다는 것, 남들이 좋다는 방식, 남들이 좋다는 사람…. 결국 주체적인 판단은 없다. 서로서로에게 '남들'이 되어 주는 타자들만이 존재할 뿐이다.

세상에 뿌려진 사랑만큼

점점 사랑하기가 어려워지는 이유는, 지긋하게
관계를 맺어가는 일에 익숙하지 않기 때문이기도
할 거예요. 매혹된다는 건 거기에 들인 시간이 아
깝지 않아야 하고, 또한 타자에게 매혹되려면 어
느 정도의 미지를 담보해야 되는 일이죠. 그런데
타자의 욕망 체계가 나와 너무 유사하기 때문에
별로 매력을 느끼지 못하는 거겠죠. 타자가 나를
사랑하는 이유도 뻔하고, 내가 돌려줄 것도 뻔하
죠. 다른 관계의 문제에 있어서도 마찬가지에요.
타자가 나에게 관심을 갖는 이유도 뻔한 경우인
거죠.

"

결국 매혹당하는 것과 미혹당하는 것의 차이다. 우리가
하는 사랑이란 게 과연 매혹의 결과일까, 미혹의 결과일
까? 쇼펜하우어 식으로 표현하자면, 사랑은 맹목적 의지
의 결과이다. 즉 이유가 없이 끌려가는 것이다. 등록되어
있는 선남선녀 회원들의 '우월적 평균치'를 이유로 내거

는 결혼정보회사는 시대의 자화상인지도 모르겠다. 그런 회사들이 적지 않게 존재하는 이유는 장사가 되기 때문일 터, 결국엔 그것이 우리가 하는 사랑의 평균치라는 의미이기도 할 것이다.

"

단독자로서의 유니크함에 대한 감각이 많이 없어진 거죠. 내가 사랑하는 그 사람은 유니크해야 하겠죠. 그런데 그런 유니크함은 길들여지는 결과이기도 해요. 사막에서 만난 여우는 어린 왕자에게 길들여짐으로써 세상의 모든 여우와 다른 여우가 되어 버린 거잖아요. 어린 왕자가 지구의 장미를 보고 실망한 이유도 그렇잖아요. 겉모습은 자신의 별에 피어 있던 장미와 다를 바가 없지만, 나와의 관계 속에서 축적된 시간이 없는 거죠.

"

그 사람과의 추억이 소중한 이유는, 그 추억의 지분이 반은 나에 대한 기억이기 때문이다. 그 사람에게 길들여진

다는 것은 더불어 그 사람에게 나의 흔적을 새겨 넣는 시
간이기도 하다.

2

  고등학교에 갓 입학한 신입생들은, 교복의 '태'만으로도
선배들과는 구분이 된다. 어딘가 모르게 어색하기만 한 옷
매무새는, 아직 옷걸이와의 시간을 더 기억하고 있는 듯하
다. 그에 비해 3학년들의 교복은, 세상에서 그들에게 가장
어울리는 핏이다. 교복이 몸에 길들여지고, 몸 역시 교복
에 길들여진 상태이다.

  사놓고도 몇 번 입지 않은 옷을 재활용수거함에 던지기
는 쉬워도, 무릎이 나올 때까지 입은 트레이닝 하나를 버
리지 못하는 미련함. 그 후줄근함이 나에게는 가장 최적화
된 인체공학이며, 그 옷을 버린다는 건 그 옷이 기억하고
있는 나의 시간들을 버리는 일이기도 하다. 생각해 보면
새로 산 옷의 빳빳함만큼이나 안 어울리면서 불편한 경우
도 없다. 우리에게 가장 잘 어울리는 옷은 늘상 입는 옷이

다. 가장 좋아하고, 가장 자주 입기에, 내 몸을 가장 잘 이해하며, 가장 먼저 헌 옷이 되어가는…. 사람도 그렇지 않던가. 오래 만나고 자주 만난 사람들이 나를 가장 잘 이해하는 타인이다. 내 인생의 한 페이지씩을 차지하고 있는 그들은 곧 나의 시간이기도 하다. 그렇듯 무언가에 길들여진다는 것은 그 무언가와 시간을 공유하는 일이다.

어린 왕자가 지구에서 만난 장미들은, 앤디 워홀의 캠벨 스프 그림을 떠올리게 한다. 대량으로 생산되는 그 많은 깡통 스프들 중에 굳이 의미를 부여할 만한 '영혼의 닭고기 스프'가 있을 리도 없고, 누군가를 위해 정성을 기울여 만들었던 한 그릇에 관한 기억도 아닐 것이다. 매장에 가면 언제나 진열되어 있는 새 것들은, 인류에게 시간을 단축해 주었지만, 아울러 시간의 가치를 앗아 가버렸다.

하이데거의 철학을 빌리자면, 존재는 시간의 산물이다. 똑같은 형태와 질료라도 똑같은 존재가치를 지니는 것은 아니듯, 사물 그 자체가 오롯이 그 존재를 규정하는 건 아니다. 다시 말해 무언가에 시간의 가치를 부여하는 일은, 그것의 존재와 더불어 나의 존재를 해명해 줄 수 있는 의미들을 지어 올리는 개인의 역사이기도 하다.

3

초등학교 때 처음 마당이 있는 집으로 이사를 가게 되었는데, 얼마 지나지 않아 나는 반 친구에게 똥개 두 마리를 분양(?) 받았다. 마당에서 강아지를 키우는 게 그토록 해보고 싶었던 일이었던, 아직까지는 순수했던 시절이다.

골목길만큼의 하늘, 그 좁다란 푸르름 사이를 가로지르던 구름. 낡은 보도블록과 허름한 시멘트 벽 사이에서 듬성듬성 자라나던 강아지풀, 골목을 따라 불어와 그 풀잎을 스치고 지나가던 바람. 그 바람 속으로 목줄의 구속 없이 강아지를 풀어놓고 살았던 시절의 어느 강원도 마을. 골목길에 대문을 나열하고 있었던, 지금 생각하면 참 평화로웠던 동네는 주차 공간이 따로 없었다. 차를 소유한 주민들은 인근 공터를 공용주차장으로 사용했다.

아버지의 차가 공터로 진입할 즈음, 미리 공터에 당도해 알랑방귀를 뀌어 대고 있던 강아지 두 마리. 녀석들은 멀리서부터 아버지의 차 엔진소리가 들려올 때면, 골목길을 전력으로 달려나가곤 했다. 공터에 주차되는 많은 차들이 있었지만, 녀석들은 아버지의 차가 지니고 있는 소리를

『오래 만나고 자주 만난 사람들이
나를 가장 잘 이해하는 타인이다.
내 인생의 한 페이지씩을 차지하고 있는
그들은 곧 나의 시간이기도 하다.
그렇듯 무언가에 길들여진다는 것은
그 무언가와 시간을 공유하는 일이다.』

귀신같이 분간했다. 주인을 반기며 달려 나오는 녀석들이, 아버지 입장에선 얼마나 귀여웠겠는가? 가족들도 안 나오는 마중을, 녀석들이 대신했으니….

"다른 발자국 소리들은 나를 땅 밑으로 기어 들어가게 만들 테지만, 너의 발자국 소리는 음악소리처럼 나를 나의 땅굴 밖으로 불러낼 거야!"

여우가 어린 왕자에게 설명한 '길들이다'는 의미로부터 꺼내어 본 한 조각 추억이었다. 길들여진다는 것은 관심을 기울이게 된다는 의미이기도 하다. 일반적 타자로부터 구분되는, 그 사람의 특정 주파수를 감지할 수 있게 하는, 사랑도 그런 길들임이다. 저마다가 제 눈에 안경인 이유 또한, 그 사람만이 지닌 미적 주파수에 공명하고 있는 내 시력 때문이지 않던가.

어떻게 사랑이 그래요

1

대학교 시절, 여자 친구와 헤어진 다음 날. 이젠 '전' 여자 친구가 되어 버린 그녀로부터 한 통의 문자메시지를 받았다. 《냉정과 열정 사이》를 돌려 달라고…. 읽어 본 분들은 아시겠지만, 이 소설은 여자의 시선과 남자의 시선으로 쓰여진 두 개의 버전이 한 세트이다. 이전에 내게 읽어 보라고 여자의 시선으로 써내려 간 버전을 건넨 적이 있었는데, 그걸 돌려 달라고 한 것이었다. 워낙 책과는 친하지 않은 시절이었던 터라, 당연히 그 소설도 읽지 않고 있었다. 그런데 아직 읽지 않은 소설을 돌려 달라고 하는 그녀에게서 어떤 확고한 의지를 읽었다. 그때까지만 해도 나는, 조금 떨어져 지내다 보면 우리 사이가 다시 회복될 것으로 믿고 있었다.

『어린 왕자가 여러 별을 거쳐
지구에 오게 된 최초의 원인은,
장미의 허영과 변덕이었다.
그러나 지구에 와서 어린 왕자가
깨달아야 했던 건,
그 허영과 변덕이 어린 왕자를 향한
사랑의 서툰 표현이었다는 사실과
서로에게 길들여지는 과정에서는
인내가 필요하다는 사실이다.』

돌려주기로 하고 나서야 그 소설을 읽어 보기 시작했다. 그녀가 왜 내게 이 책을 건넸을까에 대한 질문도 그제서야 해보게 되었다. 무슨 스토리를 완성하고자 했다면 내가 그 책을 다 읽었어야 했는데, 평소에도 읽지 않았던 책이, 이별 후의 복잡한 심정 속에 읽힐 리 있었겠는가? 끝내 다 읽지는 못 하고, 마지막으로 읽은 페이지 밑에 내 솔직한 심정을 담은 몇 줄의 글월을 적어 넣었다. 그녀가 언제고 이 페이지를 펼칠 때가 있으면, 다시 한 번 나를 떠올려 주기를 바라는 마음으로…. 그나마의 배려, 지우기 쉬우라고 연필로 적었다. 그러나 정작 그 글을 지워 버린 것은 나였다. 회복의 의지가 전혀 없는 듯한 그녀에게 그런 고해가 무슨 의미가 있을까 싶어서….

편집장님과 미팅을 가졌던 어느 날,《어린 왕자》에 관한 이런저런 이야기를 나누다가, 지나간 어느 날의 베스트셀러였던 《냉정과 열정 사이》에 대한 이야기로 이어졌다. 요즘은 사랑학개론에 관한 책이 잘 팔리지 않는단다. 주요 고객층인 2,30대 여성들에게서부터 다소 멀어진 관심사라고…. 당연한 이야기이겠지만 시절의 담론은 그 시대의 사회상을 반영하기도 한다.《화성에서 온 남자, 금성에서 온 여자》를 베스트셀러 반열에 올려놓은 그 시절의 여성들은, 자신의 말을 귀담아 듣지 않는 남성들의 심리를 궁금해했다. 그러나 지금의 여성들은 그렇게까지 남성의 심리를 알고 싶어 하지 않는 것 같단다. 하긴 여성에게만 해당하는 경우도 아닐 것이다.

들뢰즈가 정신분석에 다소 회의적인 입장이었던 것은, 걸핏하면 성(性)의 담론으로 회귀하며 신체마저 권위적 지식에 종속시킨다는 이유에서였다. 들뢰즈를 좋아하는 성향인 터라, 나는 사랑의 문제를 매뉴얼화시켜 놓은 듯한 사랑학개론들을 별로 신뢰하지 않는다. 그러나 일반화의 오류를 의심할 수 있는 사랑에 관한 지식일망정, 그런 담론이 유행한다는 건, 그만큼 본질에 가닿고자 한 관심들이 있었다는 반증이기도 할 것이다.

순간적인 반응과 직설의 화법이 장사가 되는 시절, 그 담론이 우리가 하는 사랑의 시대상을 반영하는 것은 아닐까? 언제는 그 다른 성격에 끌려서 다짐한 영원이거늘, 이제 와서 성격차이를 이유로 드는 것도 모순 아닌가? 시간을 들여 서로의 다름을 이해해 보는 노력, 사랑에 따르는 책임까지 사랑이라는 사실을 불편하게 여기게 된 시절은

208

아닐까? 물론 그렇지 않을 거라고 믿는다.

그나마 가장 잘 팔린다는 에리히 프롬의 《사랑의 기술》도, 개인적으로는 너무 사랑에 관한 도덕만을 늘어놓고 있다는 느낌이다. 나도 그닥 동화처럼 지고지순한 사랑을 하는 순정파는 아니다. 그러나 또 그런 사랑을 꿈꾸기는 한다는 모순. 오늘날엔 오늘날의 사랑을 대변해 줄 수 있는 새로운 철학이 필요한 것인지도 모를 일이지만, 사랑을 설명하기에 철학이 충분조건의 학문인 것도 아니다. 사랑을 논한 철학자치고, 사랑에 서툴지 않은 경우들이 없었던, 다소 아이러니한 철학사이기도 하다. 도리어 사랑의 실패를 위대한 철학서로 승화시킨 경우가 있으면 있었지….

"내 친구 끝까지 지켜 줘서 고맙습니다."

아버지 장례식에 오신, 아버지의 친구분께서 엄마에게 건넨 위로에서 많은 걸 느꼈던 것 같다. 나는 과연 저런 사랑으로 삶을 끝마칠 수 있을까? 아버지가 부럽긴 그때가 처음이었다. 사랑도 의리라고 했던가. 서로를 끝까지 지켜 줄 수 있는 그런 의리. 이젠 의리로 산다면서도 동네 마실 나가서는 서로의 곁에 바짝 붙어 걷는 노부부의 사랑만큼이나 위대한 철학이 또 있을까? 어쩌면 오래도록 서로에게 길들여진 황혼의 파뿌리들이 우리가 잊어 가고 잃어 가고 있는 '오래된 미래'인지도 모르겠다.

2

어린 왕자가 자신의 별에 두고 온 장미는 생텍쥐페리의 아내인 콘수엘로에 대한 상징이라는 게 정설로 받아들여지고 있으며, 콘수엘로는 《장미의 기억》이란 제목의 회고록을 남기기도 했다. 프랑스 지방 귀족이었던 생텍쥐페리의 집안은 이혼의 경력을 지니고 있던 그녀를 인정하지 않았다. 보다 큰 문제는 생텍쥐페리의 성격이었다. 생텍쥐페리가 그녀와 떨어져 지낸 시간이 많았던 건, 직업상의 이유만은 아니었다. 베네수엘라 출신의 미망인이 지니고 있던 가시 돋친 남미의 열정을 감당하기에는 생텍쥐페리는 무척이나 심약했다.

어린 왕자가 여러 별을 거쳐 지구에 오게 된 최초의 원인은, 장미의 허영과 변덕이었다. 그러나 지구에 와서 어

『사랑은 나의 지배영역에 포섭되지 않는
타자를 향한 도약이다.
때문에 적어도 자아를 내려놓을 수 있는
용기가 선행되어야 한다.
자기비움, 자기부정이 사랑의 출발점이다.
상처받지 않고 고뇌하지 않는 사랑은
결국 나르시즘일 뿐이다.』

린 왕자가 깨달아야 했던 건, 그 허영과 변덕이 어린 왕자를 향한 사랑의 서툰 표현이었다는 사실과 서로에게 길들여지는 과정에서는 인내가 필요하다는 사실이다. 그런 점에서 본다면《어린 왕자》는《장미의 기억》에 대응하는, 생텍쥐페리의 순탄치만은 않았던 사랑에 대한 회고록이기도 하다. 두 관점을 합한다면《냉정과 열정 사이》의 포맷이 되진 않을까?

생텍쥐페리의 비행기가 추락한 바다에서 발견된 그의 팔찌에는 콘수엘라의 이름이 새겨져 있었단다.《어린 왕자》의 스토리와 비교해 본다면, 생텍쥐페리는 죽음의 순간까지도 자신이 돌아가야 할 소행성 B612에 피어 있는 장미를 그리워한 어린 왕자 자신이었다.

3

흔히들 이상형의 조건들을 물어본다. 그 이상의 조건에 부합하는 대상이라면 다 사랑할 수 있는 것일까? 니체의 계보들은 이런 이유에서 플라톤주의들이 말하는 보편적 진리의 가치를 부정하는 것이기도 하다. 키 168cm에 48kg의 몸무게를 지닌 아이돌과 같은 깜직한 외모의 조신한 여교사라면, 누구든 상관없다는 게 무슨 사랑에 대한 진리이겠냔 말이다. 물론 웃자고 적은 극단의 사례이지만, 오늘날 우리가 하는 사랑이란 게 저 이데아적 기준과 얼마나 다를까?

니체는 진리를 여자에 비유하곤 했다. 내가 그녀를 사랑하는 이유는 단순하다. 단지 내가 사랑하는 '너'이기 때문이다. 그녀로 대변되는 여자로서의 조건을 사랑하는 게 아니다. 적어도 사랑에 있어서 진리는 지극히 개인적인 가치이며 그 주관 안에서도 옳다 그르다를 판정할 수 없다. 가끔씩은 그녀의 막돼먹은 언행에 미쳐 버릴 것 같으면서도, 정작 막돼먹은 그녀가 곁에 없으면 더욱 미치겠는, 그런 게 사랑이다. 장미의 꽃말은 그런 상징성이 아닐까? 내게 아름다움을 선사하는 꽃잎만큼이나 내게 아픔을 건네는 가시까지 사랑하는 것.

역설적으로 어떤 의미에서 오늘날의 사랑은 플라토닉 (platonic)이다. 그 대척점으로서의 상징적 제목이 한병철 교수의 《에로스의 종말》이라고도 할 수 있겠다. 한병철 교수는 오늘날의 사랑과 자본 간의 이해관계에 대해 이야기한다. 이상형 내에서 누구든 가능한 호환성이라면, 이는 이미 화폐적 가치로 환산된 조건인 셈이다. 사장님께서도 《에로스의 종말》을 인용하신다. 사랑은 교환되거나 동질화되어 대차대조표에 기재될 수 있는 성질이 아니지 않겠냐고…. 더불어 타인에 대한 관심, 《어린 왕자》의 화법대로라면 '길들여지는 시간'에 관해 말씀하신다. 우리가 하는 사랑이라는 게 정말 타인에 대한 사랑인가? 아니면 내 스스로에 전념하는 자기애인가? 우리 시대의 타자는 점점 자기애의 대상으로 전락하고 있다.

사장님께선 당신이 생각하는 사랑의 가치를 이렇게 요약하신다. 사랑은 나의 지배영역에 포섭되지 않는 타자를 향한 도약이다. 때문에 적어도 자아를 내려놓을 수 있는 용기가 선행되어야 한다. 자기비움, 자기부정이 사랑의 출발점이다. 상처받지 않고 고뇌하지 않는 사랑은 결국 나르시즘일 뿐이다. 자기애에 빠져 있는 한, 우리는 타자에게도 자신을 충족하려고 들 뿐이며, 우리는 어떤 도약 앞에서도 망설이고 계산하고 두려워할 것이다. 그러나 에로스의 힘은 어쩔 수 없이 끌려가는 무력함을 함축한다. 무력

해진 나는 타자 속에서 혹은 타자를 위해 나 자신을 잃어버리고, 타자는 그러한 나를 다시 일으켜 세워 준다. 사랑이란 타자를 통해 나를 해체하고 재구성하는 힘이다.

4

때로 우리는 사랑 앞에서 좌절을 겪는다. 내가 사랑하는 그녀는 저토록 아름답건만, 그에 비해 나는 이토록 초라하기만 한…. 내게 그녀를 사랑할 자격이 있는가에 대한 자문으로 한없이 작아진다. 그렇듯 사랑이란 나의 만족을 위한 것이 아닌, 사랑하는 대상으로 인해 겪는 고통까지 아우르는 범주이다. 내가 사랑하지 않는 사람은 내 마음을 아프게 할 수도 없다.

사랑에 관한 헤겔의 변증법적 고찰. 사람들이 사랑에 빠지는 이유는 타자 안에서 나를 발견하기 때문이다. 대상 자체를 사랑한다기보단 대상을 향하고 있는 나의 사랑을 사랑하는 것이다. 그 혹은 그녀의 실재를 사랑하는 것이 아니라, 그 혹은 그녀인 줄 알았던 내 환상을 사랑하는 것

세상에 뿌려진 사랑만큼

이다. 너는 너의 사랑을 했고, 나는 나의 사랑을 했다. 그리고 서로를 사랑한다고 믿어 버렸다.

흑백영화처럼

1

요즘 아이들에게 카세트테이프와 비디오플레이어를 들이 밀면, 아마도 재미있는 수수께끼 문제처럼 느끼진 않을까? 디지털 세대들에겐 하드웨어와 소프트웨어가 분리되어 있던 시절이 꽤나 신기하기도 할 것이다. 실상 그 시절을 겪었던 이들에게도 다소 낯설어진 풍경이니 말이다.

거리로 최신 인기가요를 쏟아내던 레코드 가게의 외부 스피커와 리어카 위의 '길보드'가 사라져 간 지도 이미 오래전, 더불어 사라진 풍경이 동네마다 두세 개씩은 있었던 비디오테이프 대여점이다. 중국의 대중들에겐 이런 유통의 경험이 없었다. 개방의 물결이 그들에게 열어 준 시장은 애초부터 다운로드의 문법이었다. 그래서 그토록 무지했던 저작권 개념이 그들의 국민성을 대변하는 시절이 있었던 것이다. 그렇듯 작동시키는 메커니즘은 작동되는 콘텐츠의 형식과 궤를 함께하며, 콘텐츠를 즐기는 의식에까지 영향을 끼친다.

음반 시장의 침체가 대표적인 예이다. 보다 많은 음원을 손쉽게 즐길 수 있게 해준 MP3 플레이어가 등장하는 시점서부터, 음반이 잘 팔리지 않기 시작한다. 음반을 플레이할 수 있는 기기들 역시 팔릴 이유가 없다. 크리에이터 입장에서도 여러 곡을 담은 앨범 개념으로는 수지타산이 안 맞는다. 일단 싱글로 한 곡을 발매해 본 이후의 추이를 살펴야 한다.

아날로그와 변별되는 디지털의 문법 중 하나가 랜덤 문화이다. 콘텐츠를 생산하는 입장에서는 수많은 경쟁 콘텐츠들 사이에서 간택을 받을 전략으로 나아가야 한다. 음원은 미리 듣기 서비스가 무료로 제공되는 초반부에 승부를 건다. 이미 임팩트를 앞으로 끌어당겨 쓰다 보니 음악의 기승전결이 무너진다. 그렇다면 대안은 차라리 병렬의 구조이다. 앞에 제시했던 임팩트를 후크로 반복하는 일변도가 되어 버린다. 이런저런 제약이 따르는 예술에 발전을 기대하긴 힘들지만, 팔릴 만한 공식들이 지배하는 구조 안

『자본주의는 시간의 가치를 빨리

진부화시킴으로써 이 문제를 극복하죠.

유행을 선도하는 거예요.

그 증인들이 타자의 시선이죠.

남들이 후지다 그러면 후진 거죠.』

에서도 예술은 퇴보를 거듭할 뿐이다. 콘텐츠의 양은 늘어
났지만, 질적으로는 도리어 하향평준화가 되고 마는 역설.
콘텐츠 기반 산업의 문제는, 상업성에만 초점이 맞춰진 콘
텐츠들의 범람이 초래한 하향평준화인지도 모르겠다.

"

콘텐츠의 공급량이 방대해졌는데, 수요는 한정
되어 있으니, 옛날 방식으로 소비가 되면 안 되는
것이죠. 소비를 조장해야 하는 자본주의 입장에
선, 차라리 빨리 진부화가 되는 방향을 고민할 필
요가 있는 거예요. 유니클로 같은 SPA 상품들이
그런 전략을 취하는 경우이고, 다른 문화 상품들
역시 마찬가지죠.

"

시대의 문법에 민감할 수밖에 없는 기업인으로서, 이런
시대상을 그렇게 부정적으로만 바라보지는 않으셨다.

공급의 루트가 다양해지면서, 세그먼트 시장이 생겨나기도 하고, 공급과 소비의 진입장벽이 많이 낮아지기도 했잖아요. 가령 가수가 될 수 있는 길이 예전보다는 많아졌죠. 기획사 입장에서는 항상 신선한 상품을 내놓아야 하기 때문에, 예전보다는 신인들에게 기회가 많이 주어지는 분위기이기도 하고요. 이전 시대가 더 좋았고, 지금은 나쁘다고 단정할 수 있는 문제는 아닌 것 같아요.

그다지 들을 만한 음악이 잘 들려오지 않는 시대에, 역설적으로 뮤지션과 가수가 될 수 있는 기회는 예전보다 문턱이 많이 낮아졌다. 그 결과 아이돌의 필수조건이 가창력을 포함하지만, 더 이상 이선희와 이승철 같은 발군의 등장을 기대할 수 없는 시대이기도 하다. 언제나 불황인 서점가이지만, 그 불황 속에서도 1인 출판사는 계속해서 생겨난다. 또한 작가가 될 수 있는 기회가 예전보다는 많아진 것도 사실이다. 내가 그 넓어진 혜택의 범주에 걸린

　　　　　　세상에 뿌려진 사랑만큼

'꼴에 작가'인지도 모르고···.

2

생산력이 무한히 커졌는데, 제조기술력도 발전하
다 보니 물건이 잘 망가지지도 않아요. 여기서 발
생하는 문제는 수요가 부족하다는 점이예요. 자
본주의는 시간의 가치를 빨리 진부화시킴으로써
이 문제를 극복하죠. 유행을 선도하는 거예요. 그
증인들이 타자의 시선이죠. 남들이 후지다 그러
면 후진 거죠.

초등학교 시절에 교문 앞에서 팔던 병아리는 병에 걸린
것들이란 소문이 있었다. 그 소문이 사실인지 어떤지는,
아니면 또 다른 가설처럼 손독이 올라서인지는 모르겠으
나, 그 모두가 집으로 가져온 지 얼마 안 돼서 죽곤 했다.

그러나 그 슬픔을 금세 잊고, 다시 또 병아리를 사오곤 했던 반복.

친구 중에는 이 병아리를 닭으로 길러 내는 경우가 있었다. 매번 병아리의 죽음을 슬퍼했으면서도, 친구의 연계(軟鷄)가 그렇게까지 부럽지는 않았다. 아니 조금은 징그럽다는 생각까지 했던 것 같다. 아파트 베란다의 한 켠을 제 보금자리로 쟁취한 닭이, 눈치 없이 끈질긴 생명력으로 주인의 눈치를 살피고 있는 느낌이었다고나 할까? 정작 애지중지 길러 놓은 친구도 이 상황이 다소 납득이 안 된다는 듯한 표정으로, 자신의 사육 노하우를 자랑하는 듯 보였다.

낭만을 잃어버린 어른으로서의 동심 파괴적 시각일 수도 있겠지만, 어린 시절에도 병아리의 한계효용을 알고 있었던 것 같다. 떠나보낼 것을 알면서 단 며칠의 행복을 구매하고, 적정 시기에 사라져 주는 그것 앞에서의 슬픔까지 소비한 것은 아니었을까? 어찌 보면 교감의 대상이라기보단, 감성을 계발시키는 교구로서의 병아리였던 건 아니었을까?

《어린 왕자》에 관한 기획을 진행하면서, 자주 거론됐던 주제는 자본주의가 진부화시키는 시간에 관해서였다. 눈

『시간은 추억으로 쌓여 갈 틈도 없이
순간으로 소비된다. 시장은 그런
소비성향에 맞춘 상품을 제공한다.
어찌 보면 우리는 자본이 의도하는 대로
끌려가는 숙주인지도 모르겠다.
우리의 생활 곳곳에는 이미
자본의 언어들이 들어차 있다.
그 빠른 회전율의 문체로 써내려 가는
너와 나의 이야기가 이렇듯
'참을 수 없는 존재의 가벼움'인 것은
아닐까?』

치 없이 끈질긴 생명력은 생산자도 소비자도 원하지 않는
다. 적절한 시기에 그 생명을 다해야 한다. 우리는 여전히
양계장의 헤게모니에 충성하는 방식으로 병아리를 구입하
고 있는 것은 아닐까?

3

첫날의 인터뷰가 끝난 후에 사장님께서 저녁을 사주셨
다. 명동의 한 고깃집에서 식사를 하는 도중, 이제는 역사
속으로 사라진 중앙극장에 관한 이야기가 흘러나왔다. 단
국대가 한남동에 있었을 시절엔, 근처 남산터널을 지나서
가 바로 중앙극장이었다. 버스로 한 정거장이니, 영화를
보러 명동을 올 기회가 많았었다. 그런데 명동 중앙극장의
존재를 사장님과 나만 알고 있었다. 첫날 인터뷰에 함께
참여했던 인문학도와 윤영선 작가님은 이미 멀티플렉스가
보편화된 시절에 스무 살이었다.

풍경에 따라 추억도 다르게 적히는 것 같다. 나는 영화
를 보고 나서 누군가와 함께 걸었던 명동성당과 어느 골

목의 유명한 만두집까지를 중앙극장의 풍경으로 기억한다. 이제는 어딜 가나 똑같은 풍경 안에서 갇혀서 영화를 보고 밥을 먹고 커피를 마신다. 편하긴 한데, 낭만은 없다. 모든 것들을 상품화하는 것에 능한 자본이, 남아 있어도 괜찮을 법한 풍경들은 왜 상품화하지 않는지 모르겠다. 무조건 새로운 것들만을 숭배한다. 그것이 사라진 후에야 추억도 상품이 된다. 어쩌면 훗날의 상품성을 위해서 굳이 지금 사라져야 하는 것인지도….

공간의 패러다임이 변하는 이유는 시간의 효율성을 전제하기 때문이다. 그렇다고 우리가 시간적 여유를 느끼며 살아가는 것도 아니거니와, 역설적으로 항상 모자란 시간만을 산다. 길들여지고 길들일 가치의 범주가 줄어든다. 시간은 추억으로 쌓여 갈 틈도 없이 순간으로 소비된다. 시장은 그런 소비성향에 맞춘 상품을 제공한다. 어찌 보면 우리는 자본이 의도하는 대로 끌려가는 숙주인지도 모르겠다. 우리의 생활 곳곳에는 이미 자본의 언어들이 들어차 있다. 그 빠른 회전율의 문체로 써내려 가는 너와 나의 이야기가 이렇듯 '참을 수 없는 존재의 가벼움'인 것은 아닐까?

내게만 일어나는 일

1

"

마음으로 보아야 한다는 말은, 그것이 정말로 실재
하는가의 여부와 상관없이, 그것을 볼 수 있는 눈
을 갖추어야 그것이 존재할 수 있다는 의미겠죠. 소
크라테스는 남들이 보기엔 못생긴 얼굴이었지만,
알키비아데스가 매혹당한 이유는 다른 차원의 소
크라테스를 본 거잖아요. 아갈마(agalma)라는 의미
를 적용해 보자면, 나와 그 사람의 관계 속에서 만
들어진 새로운 차원에 그 사람을 위치 지우는 것이
죠. 우리가 무엇을 소중하게 여긴다는 건, 그것이
나의 아갈마가 되어 버린 경우라고 할 수 있겠죠.

"

사장님이 언급하신 '아갈마'는 라캉의 '대상 a'라는 개념에 대한 부연이기도 하다. 간단히 요약하자면, 무의식에 자리하는 근원적 욕망이 향해 있는 이상의 지점이다. 의식의 감각들에 기반한 미학으로는 저렇게 못생긴 소크라테스에게 끌리고 있는 이유가 전혀 설명되지 않지만, 무의식적으로 그냥 그리고 마냥 끌려갈 수밖에 없는 그 무엇.

니체의 철학은 보편성 그 자체에 대한 반동이라기보다는, 보편이란 명분으로 가해지는 상징적 폭력에 대한 반동이었다. 니체는 그 주범으로 플라톤과 소크라테스를 지목하고 있으며, 이런 연유에서 서양철학이 크게 플라톤주의와 니체주의로 나뉘는 것이기도 하다. 플라톤이 이데아라는 것으로부터 보편적 진리를 추출하는 데 반해, 니체는 각자의 '차이'로 분화하는 개성의 가치를 존중한다. 절대적 객관이란 있을 수 없으며, 진리의 자리는 개인이 관리해야 한다는 취지가 현대철학의 기점인 니체의 전제이다.

니체는 비판을 하다하다 급기야 소크라테스의 얼굴이 못생겼다는 사실까지 근거로 들고 있다. 미소년 알키비아데스와 소크라테스 사이에서의 동성애, 철학자들의 변호대로 그것이 순수한 플라토닉이었는지 어떤지와는 상관없이, 소크라테스의 얼굴부터가 보편의 미학은 아니다. 그렇듯 아갈마란 주관적이고 가상적이며 비실체적인 일종의 환상이다. 남들에게는 별 의미가 될 수 없는 것들이, 나에겐 무엇과도 바꿀 수 없이 특별한 의미를 지니는 경우들이 있지 않던가.

들뢰즈에 따르면 진리란 우리가 임의대로 다가설 수 있는 것이 아니라, 그것에 의해 우리가 선택을 당하는 성질이다. 그것을 찾지 않을 수 없게 몰고 가는 상황에 떠밀려가다 만나게 되는 것이다. 그리고 자신의 아갈마를 마주친 어느 날이, 자신에게 이런 실천력이 있었나 싶을 정도로 낯선 자신을 '발생'시키는 사건의 순간이다. 어린 왕자는 비행사의 아갈마라고도 할 수 있다. 자신의 미래를 담지하고 다가온 타자, 그 타자로 인해 발생하는 새로운 자아, 그로 인해 폐기되는 어제와 도래하는 내일. 당신의 아갈마는 누구일까? 혹 당신은 누구의 아갈마일 수 있을까? 그것을 고민해 보는 것으로부터 찾아질 수 있는 삶의 의미는 아닐까?

『삶이 아름다운 이유는
삭막한 둔덕들 너머에 감추어 두고 있는
반전들 때문이다.
절망은 그 어딘가에 희망을 숨겨 두고 있다.
그런 믿음 속에서 삶은 한번 살아 볼 만한
가치를 유지하는 것이기도 하다.』

2

고등학교 시절에는 집에서 학교까지의 거리가 걸어서 10분이었다. 집 가까운 놈들이 대개 그렇듯, 나는 밥 먹듯 지각을 하는 편이었다. 3학년이 되어서야 대학을 가겠노라 조금은 부지런해진 생활체계, 가끔씩은 반 학생들 중 가장 먼저 등교했던 날들이 있다. 아무도 등교하지 않은 교실 안을 뒹구는 어제의 흔적들, 남학교 특유의 은근한 매캐함을 환기시키기 위해 열어젖힌 창문으로 들어차던, 아직 오늘의 태양이 데우지 못한 쌀쌀한 바람. 그 창가 옆에 놓인 책상에 홀로 앉아 있는 기분이 꽤 괜찮았던 기억.

모두가 함께 쓰는 공간이 어찌 내게만 특별할 게 있었겠냐만, 오로지 나의 주파수에 맞추어진 풍경들 사이에 홀로 앉아 있던 시간들. 그렇듯 독자적으로 낭만을 즐겼던 풍경에 관한 기억들을 다 지니고 있지 않나? 그런 것 보면 삶도 관점의 문제이다. 그것 자체가 특별한 게 아니다. 의미를 담고서 바라보는, 그 시선 끝에 맺히는 모든 것들이 특별할 뿐이다. 우리는 부단히 삶의 의미를 찾으려 하는 존재들이다. 그 의미가 해명되어야 존재도 해명이 된다. 그런데 그에 관한 단서 역시 스스로가 지니고 있다는….

한자 '美(미)'를 파자(破字)해 본다면, 양고기(羊)가 크다 (大)라는 의미이다. 그러니까 꼭 크기의 문제라기보다는 대상이 지닌 가치의 문제라는 상징이다. 우리말 '아름답다'의 어원은 '알음알음'의 그 '알음'이란다. 아름답다는 '아는 물건 같다'의 뜻이라고…. 즉 대상에 관한 앎의 문제이다. 단편적인 비교로 존재의 문제이냐 인식의 문제이냐를 따지는 것도 오류이겠지만, 실상 둘 다의 문제이기도 하다. 그것을 인지하지 못하는 자에겐 그것이 존재하지 않는 것이기도 하다. 알키비아데스의 소크라테스가 누구에게나 존재했던 미학은 아니었듯 말이다.

니체에 따르면 진리는 미적 취향이다. 다시 말해 진리란 보편과 객관의 성격이 아니며, 자신에게 한해서만 진리인 것들이 따로 존재한다는 이야기. 그렇듯 나에게만 발견되는 진리들이 있다. 당신이 사랑하는 그 사람이, 당신에겐 세상에서 가장 아름다운 존재인 것처럼….

『사람들에게 행복을 가져다주는
효용이라면,
그 자체로 충분히 우담바라라고 할 수
있을 것이다.
전설의 꽃은 꽃의 모양으로 피어나지
않는지도 모를 일이다.』

3

미국 캔터키 주의 포트 녹스(Fort Knox)에는 연방준비은
행과 정부 소유의 금괴가 보관되어 있는데, 언제든지 매각
할 수 있는 금의 보유가 달러를 안정화시키는 역할을 한
단다. 실상 시장으로 유입되는 통화량의 범주는 아니지만,
존재 자체만으로 가시적 효용을 창출하는 기능성 화폐인
셈이다.

《어린 왕자》에도 이와 비슷한 일화가 적혀 있다. 비행사
가 어릴 적에 살았던 낡은 집에는 보물이 숨겨져 있다는
이야기가 전해 내려오고 있었는데, 그것을 발견한 사람은
아무도 없었고, 실상 그것을 찾으려고 하는 사람도 없었
다. 그러나 그저 그런 이야기가 있다는 사실만으로도, 그
낡음의 풍경은 정말로 보물이 숨겨져 있을 것만 같은 타
당성을 획득한다. 실상 그 동화적 가치가 낡은 집이 깊이
숨겨 둔 보물이었던 것이다.

이처럼 보이지 않는 것들이 지닌 기능성에 관한 이야기
는, 사막이 아름다운 이유는 어딘가에 오아시스를 숨겨 두
고 있기 때문이라는 유명한 경구에 이어지는 부분이다. 뜻

하지 않게 사막과도 같은 황량함으로 내던져진 삶. 길은 없다. 방향이란 것도 없다. 그러나 저 모래언덕들 너머 어딘가에 희망이 숨겨져 있을 것이라는 가정조차 없으면, 사막은 그야말로 죽음의 공간일 뿐이다. 삶이 아름다운 이유는 삭막한 둔덕들 너머에 감추어 두고 있는 반전들 때문이다. 절망은 그 어딘가에 희망을 숨겨 두고 있다. 그런 믿음 속에서 삶은 한번 살아 볼 만한 가치를 유지하는 것이기도 하다.

뜻하지 않게 맞닥뜨린 사막, 힘겹게 기어오른 모래언덕 너머로 펼쳐져 있는 것은 또 다시 사막이다. 정말로 안 풀리는 시절에 우리가 대하는 인생의 서사가 그렇지 않던가. 우연에 빗겨가고 필연에 물러서 있는 이 빌어먹을 놈의 삶. 다 되어 가는 듯하다가도 또 다시 제자리, 이루어지는가 싶다가도 다시금 원점으로 돌아가야 하는…. 그 반복의 굴레 안에서, 어차피 사막 너머에는 또 다시 사막이 있을 뿐이라는 체념으로 주저앉을 것인가? 아니면 저 사막 너머에는 반드시 오아시스가 있을 거라는 믿음을 안고서 다시 한 번 삶의 끝까지 걸어가 보겠는가?

세상에 뿌려진 사랑만큼

4

한 사찰의 불상에 피어난 무언가를 우담바라라고 믿는 보살님들. 학자들의 말로는 풀잠자리 알이란다. 무지에서 비롯된 과잉의 신앙이라고 혀를 차려고 할 즈음, 한 보살님의 인터뷰가 나를 반성하게끔 했다. 정체가 무엇이든 간에 우담바라가 피었다는 믿음만으로도 행복한 일 아니겠냐고…. 사람들에게 행복을 가져다주는 효용이라면, 그 자체로 충분히 우담바라라고 할 수 있을 것이다. 전설의 꽃은 꽃의 모양으로 피어나지 않는지도 모를 일이다.

파스칼은 신의 존재를 사뭇 공리적으로 증명한다. 신이 없다고 믿어서 득이 된다면 충분히 그럴 용의가 있다. 그러나 차라리 신이 있다고 믿는 경우가 더 희망적이지 않겠냐고…. 이는 영화 〈빅 피쉬〉의 주제이기도 하다. 그 실체가 있고 없음의 문제보다 중요한 것은, 그것이 어떤 식으로 작동하느냐의 문제이다. 네잎클로버가 반드시 행운을 가져다주어서 그 발견이 기쁜 일이겠냐 말이다. 행복한 크리스마스가 될 수 있다면, 그가 정말로 산타클로스인 것이다.

한 출판사 대표님과 소주 한잔을 기울인 자리에서 흘러 나온 질문 하나, 왜《주역》의 해설서들이 인기가 있는 것일까? 실상《주역》을 이해할 정도의 소양이라면, 굳이《주역》을 읽지 않아도 될 지평일 것이다. 그만큼 해설서조차도 쉽지만은 않은 난이도이다. 그러나 적혀 있는 글귀들이 사실인지 여부를 떠나서, 삶의 방향성을 알려 주는 방법론이 존재한다는 사실 자체가 희망인 것이 아닐까? 어차피 절망 가득한 세상에서 굳이 체념까지 짊어지고 있기보단, 분명 세상 어딘가에 파랑새가 있을 것이라는 믿음으로 나아가는 것이 보다 행복에 가까워지는 길이 아닐까?

잃어버린 건… 나

1

비행사는 처음엔 어린 왕자를 다소 귀찮아한다. 자신은 당장 비행기를 수리하는 게 급선무인데, 어디서 나타난 뉘 집 애인지는 몰라도, 밑도 끝도 없이 양을 그려 달라고 성화다. 엄마 명령으로 변기 물탱크 수리하고 있는 외삼촌에게 다가와, 딱지를 접어 달라고 하는 조카놈 마냥…. 비행사가 어린 왕자에게 관심을 보이기 시작한 건, 코끼리를 삼킨 보아뱀 그림 때문이었다. 자신이 여섯 살 무렵에 그렸던, 어른들은 모두 모자로 해석했던…. 어린 왕자는 당연하다는 듯한 무심함으로 보아뱀 안에 감춰진 코끼리를 발견한다. 그리고 여전히 양을 그려 달란다.

어떤 사물 혹은 사건으로부터 떠오르는 옛 이야기들, 들뢰즈는 그 과거의 기억으로부터 미래를 발견한다. 들뢰즈는 프루스트의 소설《잃어버린 시간을 찾아서》에 등장하는 마들렌을 대표적인 사례로 들고 있다. 소설 속에서 마들렌 과자는 유년 시절을 상기하게끔 하는 매개물이다. 《어린 왕자》에서 코끼리를 삼킨 보아뱀 그림은 그런 매개의 역할이다. 결과적으로는 그의 미래를 담지하고 있었던, 과거를 떠올리게 한…. 누군가에게는 동화《어린 왕자》자체가 동심을 상기하게 하는 기호로서의 역할인지도 모르겠다.

아이들에게 생텍쥐페리의 모자 그림을 보여 줬더니, 코끼리를 삼킨 보아뱀으로 보는 경우는 없었다며《어린 왕자》를 비판한 어느 평론가는, 문학적 표현으로 이해하면 그만인 일에, 필요 이상의 실증적 접근으로 죽자고 덤벼든 경우이다. 생텍쥐페리가 그토록 비판했던 어른의 시각으로 이 동화를 비평하고 있었던 것인지도 모르겠다. 그 그림을 알아본 어린 왕자는 비행사의 과거이기도 하며, 어린 왕자의 등장은 비행사의 회상이 시작되고 있는 지점이다. 어린 왕자는 비행사의 이상적 자아로서의 동심이다.

어떤 풍경으로부터 상기되는 기억은 단순한 회상의 나열이 아니다. 지극히 '지금 여기'의 상황적 조건이 반영되는 해석이다. 상기되어지는 것들의 실제 목적은 상기를 넘어선 '찾기'이다. 프루스트의 《잃어버린 시간을 찾아서》는, 우리에게서 잊혀진 과거형의 결여에 대한 이야기일 뿐만이 아니라, 그 잊혀진 과거를 상기하게끔 하는 현재진행형의 결여에 관한 이야기이기도 하다. 내가 그리워하고 있는 과거는, 나의 지금을 스쳐 지나가고 있는 시간의 속성을 대변해 주는 단서이기도 하다. 도통 삶의 의미를 찾을 수 없는 일상에 떠밀려 가다 보니 자꾸만 뒤를 돌아다보는 것이다. 어느 시점을 돌아다보건 간에, 지나간 시절에 두고 온 이야기들은 아름답게 느껴지기 마련이다. 왜곡된 왕년의 이야기들일망정, 그 이상의 지점에 놓여 있는 행복감을 갈망하는 것이다. 그렇듯 과거의 기억은 지금에 대한 대답으로서의 미래이기도 하다.

우리는 기억이 표상하고 있는 실제보다 더 먼 곳에 닿기를 바란다. 코끼리가 삼킨 보아뱀을 볼 수 있었던 동심이, 그 먼 곳에서 시간의 마모를 견뎌 내며 우리를 기다리고 있다. 들뢰즈를 빌리자면 '아이온'이란 시간이다. 내 일상의 생활체계를 규정하는 시간 밖에서 도래하는 새로운 미래. 잃어버린 시간들을 되찾고, 친숙했던 것들을 다시 돌아보게 되는 '뜻밖의 계시'이다. 그 안에서 찾아낸 어느 지나간 날의 자신은, 실제로 일어났던 과거라기보단, 지금의 시점에서 바라고 있는 이상의 자아이다. 다시 말해 지금을 살아가는 자신의 모습에 만족하지 못하고 있는 증상이다.

《어린 왕자》역시 우리의 잃어버린 시간에 대해 말하고 있다. 생텍쥐페리가 사막에서 조난을 당한 사건을 바탕으로 쓰여진 동화는, 아마도 죽음의 문턱에서 떠올린 가장 행복했던 시절에 관한 이야기가 아니었나 싶다. 거기서 멈춰 버린 행복, 거기에 두고 온 유년 시절의 자아를 다시 만나게 된 것은 아닐까? 생텍쥐페리는 동화의 마지막 페이지에 누구나가 겪을 수 있는 일이라는 가능성을 열어 두었다. 살다 보면 언젠가 당신도 그 사막에서 조난을 당하는 경우가 있을 것이라고, 그리고 자신이 만났던 어린 왕자를 당신도 만나게 될 거라고….

즉 이 동화 자체가 하나의 알레고리이다. 마치 사막에서 조난을 당한 것과도 같은, 막막하고도 답답한 삶 앞에 다가와 실재적 욕망을 일깨워 주는 어린 왕자는 바로 어린 시절의 우리들이다. 내가 어느 별에서 온 왕자 혹은 공주가 아닐까를 상상해 보기도 했던 우리의 어린 시절엔, 아빠와 엄마가 우리를 부르는 호칭이 왕자 혹은 공주이기도 하지 않았던가. 그 사막에서 조난을 당하게 된다면, 우리는 어느 시절의 우리를 마주하게 될까? 그 과거는 현재 우리가 겪고 있는 결여의 증상인 동시에, 우리의 무의식이 추구하고 있는 미래의 청사진이기도 하다.

2

기업의 임원분들이 회의가 있는 날에는 사장님을 워커힐 호텔에서 뵀었다. 그곳의 총괄로 계실 때부터, 덕분에 호텔 식당을 경험해 본 호사. 그런데 사장님과 인연 이전부터도 이 호텔은 내겐 친숙한 공간이다. 서울살이가 처음 시작되던 스무 살 시절부터, 동서울터미널을 향하는 버스는 언제나 서울의 길목에서 강변도로 옆의 워커힐을 지나쳤다. 멀리서 워커힐 건물이 보일 즈음이면 조급한 마음으로 미리 하차를 준비하곤 했던, 내겐 서울의 표상과도 같은 랜드 마크였다.

지방에서 나고 자란 사람들에겐 서울은 동경의 도시이

다. 어느 지역에서도 '올라오는', 한국에서 가장 높은 곳이 아니던가. 왠지 이곳에 오면 많은 기회가 주어질 것 같은, 무언가가 될 것 같은 막연한 기대로 각지의 청춘들은 '상경(上京)'을 한다. 나른한 일요일 오후에 올라탄 동서울행 버스가 워커힐을 지날 즈음이면, 그 너머로 보이던 노을 밑의 서울은, 풍운의 꿈을 이루게 해줄 장밋빛 약속 같았다.

그러나 서울에서의 많은 도전이 모두 실패로 돌아갔다. 지금은 서울의 어디를 가더라도 상처의 기억을 지니지 않은 곳이 거의 없을 지경이다. 그래서였을까? 나는 꽤 오래도록 그 시절의 풍경을 잊고 살았었다. 언제나 그 자리에 있었을, 그 자리가 아닌들 어느 하늘에나 있었을 노을인데, 내 스무 살 시절의 하늘이 잘 보이지 않았다. 글쟁이로서의 삶을 선택한 결단은 그다지 거창한 계기에서 비롯된 건 아니다. 언젠가부터 내가 잊고 있던 하늘이 다시 보이기 시작했다. 그것을 다시 보기까지 10년 남짓의 시간이 흘러 버렸다.

마지막 인터뷰를 마치던 날, 나는 워커힐이 이고 있는 노을 밑에 있었다. 그 노을을 등에 지고서 올라탄 셔틀 버스가 동서울터미널로 향한다. 조금은 쓸쓸하게 세상 끝으로 져가는, 하지만 아직까지 낮을 포기하지 않고 타들어가는 동쪽 서울의 붉은 노을. 조금은 늦게, 조금은 나이 든 모습으로, 이제서야 돌아왔지만, 그래도 그 하늘 아래로 돌아왔다. 어린 왕자는 자신의 별에서 마흔 세 번이나 해가 지던 날을 기억하면서 말했다. 누구든 깊은 슬픔에 잠기면 노을을 사랑하게 된다고…. 숱한 날들을 노을빛으로 흘려보낸 나이가 되어서야, 그 말이 무슨 의미였는지를 어렴풋이 알 것 같기도 하다.

3

기무라 타쿠야가 주연한 드라마의 OST야 너무도 유명하지만, 그 드라마를 시청한 적은 없는 터라, 〈하늘에서 내리는 1억 개의 별〉이란 제목이 무엇을 상징하는지는 잘 모르겠다. 인터넷을 아무리 검색을 해봐도 정보를 찾을 수가 없다. 그래서 확신할 수는 없는 일이지만, 드라마 제목에서는 얼핏 《어린 왕자》의 마지막 장면이 스친다. 영문

제목이 'The smile has left your eyes'인 걸 보니, 다분히 《어린 왕자》를 의도한 경우인 것 같기도 하다.

어린 왕자가 비행사에게 건넨 이별의 선물은 '별'이었다. 어린 왕자는 사막의 밤하늘에 떠 있는 별 중에 어느 것이 자신의 별인지를 알 수가 없었다. 그러나 그 많은 별들 중 어느 곳에는 자신이 사랑하는 장미가 피어 있을 것이다. 지구에서 보이지 않는 꽃 한 송이 때문에 어린 왕자는 하늘 가득 반짝이는 모든 별들을 사랑할 수 있었다.

비행사는 밤하늘의 별을 바라볼 때마다, 자신의 별로 돌아간 어린 왕자를 추억할 것이다. 비행사는 어린 왕자로 인해 누구도 갖지 않은 특별한 별 하나를 가질 수 있게 되었다. 어느 별이 어린 왕자가 살고 있는 별인지는 알 수 없다. 그러나 어느 별에선가 살고 있다는 사실만으로도 비행사는 모든 별들을 사랑하게 될 것이다.

"내가 그 별들 중의 하나에서 웃고 있을 테니까, 모든 별들이 다 아저씨에겐 웃고 있는 것처럼 보일 거야."

자신의 별로 돌아간 어린 왕자는 밤하늘을 바라볼 때마

다 지구를 떠올릴 것이다. 그리고 비행사와 함께 찾아낸 사막의 우물을 그리워할 것이다. 수많은 별들 중 어느 별이 지구인지 알 수 없다. 그러나 그 많은 별들 중에 하나가 지구라는 사실만으로도 모든 별을 사랑할 이유는 충분하다. 어린 왕자에게 밤하늘의 모든 별들은 비행사와의 추억이 깃든 '5억 개의 샘물'이다. 어린 왕자는 모든 별들이 자신에게 마실 물을 부어 줄 것이라고 표현한다. 하늘에서 내리는 5억 개의 물줄기, 즉 5억 개의 별이다.

대기오염으로 인해 별이 잘 보이지도 않는 시절이기도 하지만, 삶의 어느 순간부터 우리는 별을 바라보지 않는다. '저 별은 나의 별, 저 별은 너의 별'의 선율이 흐르던 밤하늘을 잊었다. 나의 소중한 장미가 기다리고 있었던 별의 좌표를 잃어버렸다. 결국 어린 왕자가 살고 있는 별은 우리가 잊어버리고 잃어버린 별이다. 또한 우리가 떠나온 별이기도 하다. 우리가 살고 있는 현재의 지구는 그 별로부터 점점 멀어지고 있는 중이다. 우리는 그렇게 어른이 되었다. 꼴에 어른이다.

문득 떠오른 '내일은 늦으리' 프로젝트의 〈더 늦기 전에〉라는 곡. 물론 환경에 대한 노래였지만, 신승훈과 이승환

이 부른 구절만 따로 떼어 보면 자신들이 떠나온 별을 잊은 어른들에 대한 비유이기도 하다.

그 언젠가 아이들이 자라서 밤하늘을 바라볼 때엔
하늘 가득 반짝이는 별들을 두 눈 속에 담게 해주오.

바오밥나무가 내 별을 집어삼키기 전에, 나의 사랑스러운 장미가 시들기 전에, 한 번쯤은 돌아보기를…. 힘겨운 오늘 저편으로 우리가 미루어 둔 꿈과 사랑을….

어린 왕자,
우리가 잃어버린
이야기

글 민이언, 박상규
그림 윤영선
발행일 2018년 10월 30일 초판 1쇄

발행처 다반
발행인 노승현
출판등록 제2011-08호(2011년 1월 20일)
주소 서울특별시 금천구 가산디지털1로 24 503호
　　　　(가산동, 대륭테크노타운13차)
전화 02) 868-4979   **팩스** 02) 868-4978

이메일 davanbook@naver.com
홈페이지 davanbook.modoo.at
블로그 blog.naver.com/davanbook
페이스북 www.facebook.com/davanbook
인스타그램 www.imstagram.com/davanbook

ISBN 979-11-85264-27-1 03100

다반―일상의 책